글 조영경 | 그림 박찬신

작가의 말

혹시 공부를 왜 해야 하는지 생각해본 적 있나요? 만약 '엄마가 하라니까.'라면 공부에 대해 좋은 느낌이 있지는 않을 거예요. 다른 사람이 시켜서 하는 일만큼 재미없고 지루한 것이 없거든요.

그런데 공부는 하기 싫지만, 공부 잘하는 친구들을 보면 부럽죠. 공부 잘하는 친구는 인기도 많고, 아이들이 공부 잘하는 친구를 괴롭히는 일도 별로 없으니까요.

솔직히 공부 잘하는 방법이 어디 없나 하고 고민한 적도 있을 거예요. 공부는 하기 싫지만, 성적은 좋았으면 하는 게 대부분 친구의 속마음일 테니까요.

공부를 쉽게 잘하는 방법은 습관을 들이는 거예요. 아침에 일어나면 세수하고 학교에 가듯, 공부도 습관을 들여 보세요. 공부해야 한다는 부담도 적어지고, 공부한 만큼 성적도 오르게 될 거예요. 성적이 오르면 기분도 좋아져 공부할 맛이 더욱 난답니다.

무엇보다 친구들은 앞으로 공부할 것이
많아요. 지금은 간단한 준비 운동에
불과하죠. 준비 운동을 잘해 두어야 긴
거리를 잘 달릴 수 있듯이 슬슬 공부습관을
위한 준비 운동을 시작해 보세요.
이 책은 차근차근 공부습관을 들이는 방법에 대해 이야기하고 있어요.
아직 공부습관이 전혀 없는 친구도, 잘못된 공부습관 때문에 걱정하는
친구도 모두 도움이 될 거예요.
자, 우등생이 되는 공부습관 들이기를 시작해 볼까요!

똑똑선생님 조 영 경

차례

1장　일일 공부습관

- **01** 우월 의식과 패배 의식 ---- 14
- **02** 완벽한 하루를 위한 작전 ---- 20
- **03** 공부의 힘은 엉덩이에서 ---- 26
- **04** 공부습관 잡아 주는 삼총사 ---- 32
- **05** 아는 사람만 하는 공부습관, 질문하기! ---- 38
- **06** 오래 앉아 있기만큼 중요한 집중력 ---- 44

2장　일주일 공부습관

- **01** 빡빡하지도 느슨하지도 않게 ---- 52
- **02** 잘 노는 아이가 공부도 잘한다? ---- 58
- **03** 티끌 모으는 공부습관 ---- 64
- **04** 할 수 있어? 할 수 있어! ---- 70
- **05** 맛있는 것부터 먹을래, 맛없는 것부터 먹을래? ---- 76
- **06** 내 머릿속에 지우개? ---- 82

3장 한 달 공부습관

01 공부는 왜 할까? ---------- 90
02 선행 학습, 어디까지 가 봤니? ---------- 96
03 시험지가 바뀌었어요! ---------- 102
04 이번 방학 때 뭐할 거니? ---------- 108
05 나, 자격증 있는 학생이야! ---------- 114

4장 과목별 공부습관

01 국어 공부습관 ---------- 122
02 영어 공부습관 ---------- 130
03 수학 공부습관 ---------- 138
04 사회 공부습관 ---------- 144
05 과학 공부습관 ---------- 150

엄마는 왜 만날 공부공부만 할까요?

초등학교 저학년에서 고학년이 되면 공부할 양도 많아지고 내용도 어려워져요. 그런데 아무런 준비도 없이 한꺼번에 모든 공부 내용을 소화하려면 분명 탈이 날 거예요. 공부는 마라톤과 같아요. 마라톤도 준비 운동을 잘해 두어야 긴 거리를 잘 달릴 수 있듯이 공부도 준비 운동으로 공부에 적응해야 잘할 수 있답니다.

꼴찌도 일등 할 수 있을까요?

그럼요! 할 수 있고말고요. 지금 꼴찌라고 영원히 꼴찌라는 법은 없어요. 반대로 지금 1등이라고 영원히 1등이라는 법도 없고요. 문제는 좋은 공부습관으로 얼마나 꾸준히 공부하느냐입니다. 아직 여러분에게는 공부습관을 몸에 익힐 시간이 넉넉해요. 지금 시작해도 절대 늦지 않았답니다.

1등 하는 친구를 따라 하면 될까요?

같은 옷이라도 누구에게는 어울리고 누구에게는 안 어울리잖아요. 공부 방법도 마찬가지예요. 1등 하는 친구의 공부 방법이 최고 좋은 방법은 아닐 수 있어요. 하지만 좀 더 빠르게 자신의 공부 방법을 찾는 지름길이 될 수는 있답니다. 다양한 방법을 적용하다 보면 분명히 나만의 공부 방법을 찾을 수 있게 될 거예요.

공부에 왕도가 있나요?

슬프게도 공부에는 왕도가 없어요. 부지런하고 끈기 있게 하는 수밖에 없답니다. 여기에 한 가지 더 제대로 된 공부 방법이 필요해요. 책상에 오래 앉아만 있다고, 문제집을 많이 풀기만 한다고 성적이 오르는 것은 아니에요. 제대로 된 공부습관과 함께 제대로 된 공부 방법을 익혀 두면 그게 공부의 왕도가 될 수 있어요.

1장

1. 우월 의식과 패배 의식

"교육자들의 연구 결과에 의하면 어린아이가 처음으로 패배 의식이나 우월 의식을 느끼는 때는 초등학교 4학년부터라고 합니다. 공부를 잘하는 아이는 자신이 똑똑하고 뛰어나다는 우월 의식을 갖게 되고, 공부를 못하는 아이는 자신이 못나고 어리석다는 패배 의식을 갖게 되어……."

"민재가 내년에 4학년이 되는 건가?"

"그렇죠. 뉴스에서 말하는 그 학년이 되는 거죠."

엄마 아빠는 민재가 들으라는 듯 이야기를 주고받았습니다.

"민희는 걱정이 없는데 민재는……."

엄마가 말끝을 흐렸습니다.

"민재는 뭐, 뭐요?"

민재는 발끈해 말했습니다.
"뭐긴 뭐겠어? 벼락치기 대마왕, 네 걱정을 하시는 거잖아. 시험 때만 되면 공부한답시고 난리고. 그런 공부습관으로는 분명 패배자가 될 거야."

"내 공부습관이 어때서!"

민재는 자리에서 벌떡 일어나 방으로 들어왔습니다.

사실 민재도 마음이 편하지는 않았습니다. 공부습관 같은 게 없으니 어쩌면 패배자일지도 모른다는 생각이 들었죠.

"뭐, 곧 기말고사도 있으니까 공부를 미리 해 두는 것도 나쁘지 않겠지. 괜히 뉴스 때문에 공부하는 건 아니야."

민재는 고개를 끄덕이며 교과서를 찾았습니다.

"영어 공부부터 할까. 그런데 책이 어디에 있지?"

민재는 영어책을 찾기 위해 책꽂이를 뒤적였습니다.

"아참, 영어 단어장 만들기 숙제 있었지!"

민재는 다시 단어장을 찾기 시작했습니다.

"단어 숙제를 하려면 사전이 필요하고 연필!"

민재는 또다시 사전과 필통을 찾았습니다.

그런데 민재 방에는 요정이라도 사는 걸까요? 어쩌면 찾는 물건들이 하나도 보이지 않는 걸까요.

"아, 뭐야! 도대체 어디에 둔 거야!"

민재는 울상이 되었습니다. 모처럼 공부하려고 마음먹었는데 아무래도 지금 당장은 힘들 것 같습니다.

똑똑 선생님의 한마디

요리를 하려는데 싱크대에 설거지와 재료를 다듬고 남은 쓰레기로 어지럽다면 맛있는 요리를 할 수 있을까요? 아마도 정신이 없어 제대로 된 요리를 할 수 없을 거예요.

무슨 일을 하든 잘 정리된 상태에서 하는 것이 좋아요. 정리정돈이 잘 돼 있으면 일을 진행하기도 쉽고, 집중하기도 쉽기 때문이지요.

공부도 제대로 하려면 정리정돈은 기본이에요. 수학 공부를 해야지 하고 마음먹었는데 교과서를 찾느라 책꽂이를 뒤적이고, 계산해야 할 연습장을 찾느라 서랍을 뒤적이다 보면 공부를 시작도 하기 전에 짜증부터 날 거예요. 모처럼 공부할 마음이 생겼는데 시작도 하기 전에 공부할 마음이 싹 사라지면 안 되잖아요.

또 정리정돈이 안 된 상태에서 공부하는 습관을 들이면, 공부한 시간만큼 효과를 얻기 어려워요. 책상에 앉아만 있을 뿐 신경은 책이 아닌 다른 곳에 있게 되죠. 어떤 환경에서 공부하는가는 그대로 습관이 돼요. 그러니 좋은 습관을 몸에 익히도록 하세요.

책상 정리하기

① 책상 위에는 꼭 필요한 물건만 남긴다
책상 위에 물건이 많으면 괜히 딴짓하기 쉽다. 필기도구와 시계 정도만 놓는다.

② 집중력에 방해되는 물건은 치운다
좋아하는 인형이나 캐릭터, 연예인 사진은 모두 치운다. 좋아하는 스타 사진을 보면 공부를 잘할 수 있을 듯하지만, 실제로는 집중력을 떨어뜨리게 된다.

③ 인쇄물은 과목별로 스크랩한다
수업 시간에 선생님이 나누어주는 인쇄물과 인터넷 강의 등에서 받은 인쇄물은 과목별로 나누어 파일을 만든다. 신문 등에서 스크랩한 자료도 파일로 정리해 두면 찾아보기 쉽다.

④ 늘 그 자리에 둔다
아무리 해도 책상 위가 금방 지저분하다면 한 가지만 기억하자. '꺼낸 자리에 놓기' 물건을 제자리에 놓는 것만으로도 책상 위가 깨끗해질 수 있다.

간단한 정리습관

서랍 정리의 규칙
자주 쓰는 자나 가위 등은 맨 위 칸에 둔다. 그 아래 칸은 학교에서 필요한 준비물이나 과제에 필요한 도구를 차례로 넣는다.

열었으면 닫는다
서랍만 잘 닫아도 깔끔해 보인다. 서랍을 열었다면 반드시 닫도록 한다. 그리고 꺼낸 물건은 제자리에 놓는 습관을 들이면 물건이 흐트러지지 않는다.

떨어뜨렸으면 바로 줍는다
책상에서 떨어진 것, 책꽂이에서 떨어진 것들은 반드시 바로 주워 제자리에 놓는다.

완벽한 하루를 위한 작전

　청소와 정리를 끝낸 민재는 깨끗하게 정돈된 방을 둘러보며 흐뭇하게 웃었어요.
　"이제 공부해야지. 가만있자~ 무슨 공부부터 할까."
　민재는 책꽂이를 둘러보았습니다.
　"영어 공부를 먼저 할까? 아니야, 지난 시험에서 수학을 잘못 봤으니까 수학 공부 먼저 해야지. 아차, 사회 문제집을 하나도 안 풀었잖아. 또 엄마한테 혼날라."
　민재는 사회 문제집을 꺼냈습니다. 필요한 교과서며 문제집들을 모두 책꽂이에서 꺼냈지요.
　"우리나라 명절인 설과 같은 것은? 뗏, 만성절, 춘절……. 아, 이게 뭐더라. 교과서에 나와 있었는데."
　민재는 사회 교과서를 찾았습니다. 그러다가 영어 교과서에 눈이 갔습니다.

"아, 맞다! 영어 단어 숙제!"

민재는 사회 문제집 위에 영어 단어장을 펼쳤습니다. 단어 찾기 숙제를 몇 개 해 내려가던 중 민재는 'test'라는 단어에서 멈칫했습니다.

"test, 테스트. 아! 월요일에 수학 쪽지 시험 본댔지!"

민재는 다시 수학 문제집을 펼쳤습니다. 그리고 계산 문제를 풀기 위해 연습장도 꺼냈습니다.

어느새 민재의 책상은 사회 문제집과 영어 단어장, 영어 교과서 그리고 사전 거기에 수학 문제집에 연습장까지 펼쳐졌습니다.

"책상이 왜 이리 좁아!"

민재는 수학 문제를 풀면서 팔로 거치적거리는 것을 쓱 밀었습니다. 우당탕탕! 쌓여 있던 책들이 책상 밖으로 떨어지며 연필꽂이도 함께 쓰러뜨리고 말았습니다.

"다시 엉망이 되었네. 한 것도 없이 벌써 한 시간이나 지나고. 영어 숙제도 해야 하고, 수학 공부도 해야 하고, 사회 문제집도 풀어야 하는데, 어쩌지!"

> **똑똑 선생님의 한마디**
>
> 무턱대고 '공부하자!' 하고 책상에 앉으면 민재처럼 이것저것 들추다가 시간만 보내기 쉬워요. 시간 낭비하지 않고 완벽한 하루를 보내는 방법은 바로 '계획'을 세우는 것입니다.

계획표를 짜서 공부하는 습관을 들이면 시험 때도 여유 있게 공부할 수 있어요. 시험이 코앞에 다가왔을 때 하는 벼락치기는 정해진 양을 짧은 시간에 해야 하니 마음만 급하고, 정작 시험에서는 실력발휘도 제대로 할 수 없게 됩니다.

친구들 가운데는 "벼락치기를 해도 90점은 나온다!"는 학생도 있을 거예요. 그러나 공부는 머릿속에 많은 서랍을 만드는 것과 같아요. 각 서랍 속에 차곡차곡 공부한 내용을 넣어두고 필요할 때 꺼내는 거죠.

그런데 벼락치기는 공부한 내용을 아무 서랍에나 마구 집어넣게 된답니다. 그래서 언뜻 보기에는 서랍이 꽉 찬 듯하지만 무슨 내용이 어디에 있는지 구분을 못 하게 돼, 결국 시험을 볼 때는 기억이 가물가물해져 "뭐더라? 뭐더라?"만 외칠 수 있답니다.

그리고 벼락치기로 한 공부는 시험이 끝나면 모두 잊어버린답니다. 또 며칠 몰아서 밤늦게 공부하다 보면 건강도 해칠 수 있어요. 공부한 것도 기억에 안 남고, 건강도 해치니 벼락치기는 공부를 안 하느니만 못한 거예요.

평소에 꾸준히 공부하는 습관을 들여 보세요. 시험 전에 밤을 새울 필요도 없고, 시간에 쫓기며 공부할 필요도 없어요. 공부한 내용이 내 것이 되어 오래 기억되는 것은 말할 것도 없답니다.

 **실천을 위한 원칙**

❶ 욕심을 버리고 실천할 수 있는 분량을 정한다.
❷ 짧은 시간이라도 조금씩 매일매일 한다.
❸ '저녁 먹기 전 10분'처럼 늘 같은 시간에 한다.

빈틈없는 공부 계획 세우기

오늘 해야 할 일을 적는다
숙제는 물론 예습과 복습 등 공부할 내용과 학원에 가야 한다든지, 친구와 약속이나 학교 행사가 있는 경우 등도 함께 적는다.

어떤 일을 먼저 해야 할지 우선 순위를 정한다
친구를 만나고 학원에 갈 것인지, 숙제하고 친구를 만날 것이지 등 중요한 일의 순서를 정한다.

시간 조절을 한다
해야 할 일도 정하고 일의 중요성도 파악했다면 시간을 조절하기가 쉬워진다. 숙제와 예습 복습을 할 시간이 부족하다면 친구와 만나는 시간을 줄이고, 학원에서 보충 수업이 있는 날이라면 집에서 하는 공부 시간을 조절하도록 한다.

3. 공부의 힘은 엉덩이에서

민희 누나는 정말 책상에 오래 앉아 있어요. 무슨 비법이라도 있는 걸까요?

"칭찬 스티커."

엄마가 민재에게 말했습니다.

"엄마가 누나한테 제안을 하나 했어. 책상에 30분씩 앉아 있으면 칭찬 스티커를 주겠다고 말이야."

"그깟 30분 앉아 있는데 칭찬 스티커를 받는다고요?"

민재는 그쯤 아무것도 아니라는 듯이 말했습니다.

"뭐? 그깟 30분?"

민희가 발끈했지만 민재는 심드렁하게 말했습니다.

"게임을 하면 1시간도 앉아 있는데, 그깟 30분?"

"흥, 그러셔? 그럼 너도 해 봐. 30분 앉아 있는 게 어디 쉬운 줄 알아?"

"왜 이래? 나도 할 수 있어. 엄마, 저도 그거 할래요."

민재는 민희가 자기를 무시한다고 생각했어요.

"그래? 그럼 민재는 아직 3학년이니까 15분에 스티커 한 장으로 하자."

엄마는 민재에게도 스티커를 주기로 약속했습니다.

"엄마, 저 지금부터 시작해요. 시간 재세요!"

민재는 얼른 방으로 들어가 책상 앞에 앉았습니다.

"까짓 15분이 뭐 대수라고."

그런데 조금 지나자 엉덩이가 들썩였습니다.

"얼마나 지났지? 15분이 다 된 거 같은데."

민재가 시계를 보니 겨우 5분 지났습니다.

"음, 생각보다 시간이 잘 안 가네. 화장실이나 다녀오자."

민재는 화장실을 가려고 나왔습니다. 그러자 기다렸다는 듯이 민희가 말했습니다.

"거봐, 15분은 무슨, 고작 5분 버티고 나왔어?"

"아니야, 화장실 갔다가 다시 들어갈 거야."

"그러면 다시 시작해야지. 15분 스티커니까 15분 동안 꼼짝 안 해야 하거든."

"뭐? 그런 게 어디 있어!"

민재는 재빨리 방으로 들어가 의자에 앉았습니다.

> **똑똑 선생님의 한마디**

공부는 엉덩이의 힘에서 나와요. 아무래도 오래 앉아 있는 사람이 공부 양도 많을 테니까요.

어떻게 하면 책상에 오래 앉아 있을까 고민되나요? 걱정할 필요 없어요. 여러분은 이미 조금씩 책상에 오래 앉아 있는 습관을 익히고 있었으니까요. 유치원이나 놀이 학교 또는 학습지 등을 수업할 때를 생각해 보세요.

처음에는 15분 정도 수업하던 것이 30분으로 늘어나고, 초등학교에 와서는 40분 수업을 하죠? 중학교 고등학교에 가면 45분으로, 대학에서는 1시간 넘게 수업을 하기도 해요.

몇 시간씩 꼼짝 않고 앉아 있는 게 어렵게 보이지만, 습관을 들이면 오랜 시간 같은 자리에서 공부하는 것도 그리 어렵지 않아요.

그런데 집에서 혼자 공부할 때는 조금 다르죠? 책상에 앉으면 목이 마르기도 하고, 밖에서 나는 소리에 귀가 쫑긋해져 괜히 엉덩이가 들썩거리고 말이에요. 그래도 공부는 습관들이기 나름이에요. 학교에서 수업 시간에 했듯이 집에서도 조금씩 책상에 앉는 시간을 늘려 보세요. 엉덩이의 힘을 기를 수 있을 거예요.

책상에 오래 앉는 비법!

① 하루에 5분씩만 더

처음부터 한두 시간씩 공부하는 것은 무리다. 처음에는 5분, 10분 앉아 있다가 점차 시간을 늘려간다.

② 세 문제만 풀자

책상에 멍하니 앉아 있는 것보다는 무언가를 하는 것이 시간이 더 빨리 간다. 처음 습관을 들일 때는 '세 문제만 풀기'를 해 보자. 그리고 다섯 문제, 일곱 문제 이렇게 문제 수를 늘려 가면 15분, 30분이 금방 지나갈 수 있다.

③ 계획표를 만든다

수학 문제를 풀거나 영어 단어를 외울 때, 공부할 양을 미리 표로 만들자. 예를 들어, 매일 수학 문제집 2쪽 풀기를 목표로 한다면 책상에 앉는 시간도 늘리고, 수학 실력도 높여 두 마리 토끼를 잡을 수 있다.

④ 공부한 만큼 쉰다

책상에 오래 앉아 있는 것만큼 잘 쉬는 것도 중요하다. 학교에서 40분 수업 후 10분 쉬듯이, 집에서도 중간 중간 쉬도록 하자. 그래야 덜 지루하고 집중력도 오래간다.

나의 집중 시간은 얼마나 될까?

	1일	2일	3일	4일	5일	6일
30분						
25분						
20분						
15분						
10분						
5분						

★ 날짜별 또는 과목별로 평균을 내면 자신의 집중 시간을 알 수 있어요.

4. 공부습관 잡아 주는 삼총사

"다녀왔습니다!"

민재는 학원에서 돌아오자마자 텔레비전부터 켰습니다. 오늘은 프로 야구 경기가 있는 날입니다. 응원하고 있는 팀이 라이벌 팀과 중요한 경기를 하는 날이지요.

"숙제부터 하고 보지 그러니."

엄마가 말했어요.

"네, 조금 이따 할게요. 앗싸, 시작한다!"

민재는 텔레비전에서 눈을 떼지 못합니다. 5회 초가 시작될 무렵 엄마가 다시 말했습니다.

"너 정말 숙제 안 하는 거야? 곧 저녁 먹을 시간이야."

"저녁 먹고 할게요."

민재는 얼렁뚱땅 대답했습니다. 눈은 여전히 텔레비전에 가 있었지요. 하지만 저녁을 먹고도 민재는 야구 경기를 보느라 정신이 없었습니다.

한 회 한 회 점수를 주거니 받거니 하며 역전에 역전을 거듭했습

니다. 어느새 9회 초가 거의 끝나고 9회 말이 시작할 즈음이 되었습니다.

"아, 이번에 역전시킬 수 있겠다."

민재는 손에 땀을 쥐며 보았습니다. 그때였습니다.

"이민재! 숙제는 언제 하려는 거야?"

"엄마 요것만 보고요. 9회 말이에요. 요것만 보고……."

"들어가."

엄마가 싸늘하게 말했습니다.

"안타! 안타입니다!"

텔레비전에서 아나운서의 목소리가 흘러나왔습니다. 아, 타자가 2루까지 갔습니다. 이제 4번 타자입니다. 역전으로 경기를 마칠 수 있을 것 같았습니다.

"안타! 엄마, 안타예요!"

"들어가."

민재는 어쩔 수 없이 방으로 들어왔습니다.

"마지막 회인데 보면 어때서. 몇 시인데 그러시는 거야?"

민재는 책상 위에 놓인 시계를 보고 깜짝 놀랐습니다.

"이크, 9시잖아. 아, 숙제는 언제 다한담."

민재는 또 울상이 되었습니다.

똑똑 선생님의 한마디

공부습관을 들이기 위해 무엇부터 해야 할지 막막한가요? 책상에 앉으면 무엇부터 해야 할지 모르겠나요? 아주 쉽고 좋은 방법이 있어요. 어쩌면 여러분도 익숙한 방법일지도 몰라요. 선생님이 여러 번 강조하기도 했고요. 다만 그 습관을 대충대충 넘기고 있어서 깨닫지 못하고 있을 뿐이에요.

가장 먼저 해야 할 것이 숙제예요.
숙제는 거의 매일 있으므로 책상에 앉아서 숙제부터 시작해요.
그리고 그다음이 부모님이나 선생님에게 귀가 따갑도록 듣는
예습과 복습이랍니다.

이렇게 숙제, 복습, 예습 삼총사만 제대로 한다면 공부습관을 저절로 몸에 익힐 수 있답니다. 오늘부터 삼총사와 친해져 볼까요.

매일매일 즐겁게 숙제하기

바로바로 한다

숙제는 그날 배운 것을 복습할 수 있는 가장 좋은 방법이다. 따라서 배운 내용이 가장 머릿속에 많이 남아 있는 하교 후에 바로 하는 것이 시간도 절약하고, 머릿속에도 오래 남는다.

내 힘으로 한다

내가 잘 모른다고 부모님이 해결해주면 그 지식은 내 것이 될 수 없다. 내 손으로 직접 하는 습관을 들이고, 혹시 부모님께 도움을 받았다면 반드시 다시 한 번 혼자서 정리하며 내 것으로 만든다.

기억에 남았을 때 한다

복습은 수업 내용을 이해하고, 외우는 훈련을 하며 자신의 것으로 만드는 과정이다. 기억은 학습 후 10분이 지나면 잊혀지기 시작하여 1시간 뒤에는 반을 잊고, 하루 뒤에는 70%를 잊게 된다. 그러므로 복습은 빠를수록 좋다.

절대 잊지 않는 복습하기

자주 반복한다

우리 머리는 10분 복습하면 하루를 기억하고, 하루 뒤 한 번 더 복습하면 일주일을 기억하고, 일주일 뒤 또다시 복습하면 한 달을 기억할 수 있다. 그리고 다시 한 달 뒤 복습하면 6개월 이상 기억이 유지된다고 한다. 복습은 반복할수록 머리에 더욱 오래 남는다.

수업 시간이 기다려지는 예습하기

짧고 굵게 한다

예습은 반드시 해야 하지만, 많은 시간을 들일 필요는 없다. 그저 아는 것과 모르는 것을 구분하는 정도로 내일 시간표를 챙기면서 교과서를 한번 훑어보는 정도가 좋다.

질문 거리를 만든다

예습을 할 때 질문할 거리를 만들도록 한다. 궁금한 점을 적어두거나 표시해 두면 수업 시간에 궁금증에 대한 답을 찾기 위해 더욱 집중할 수 있게 된다.

5. 아는 사람만 하는 공부습관, 질문하기!

"민재야, 연지야!"

순간 민재는 두 눈을 끔뻑였습니다. 조금 전까지 눈앞에서 자동차가 로봇으로 변신하고 있었거든요.

"네?"

"민재는 어디 보고 있는 거니? 그리고 연지는 아까부터 계속 다리를 떨고 있네."

수업이 끝난 후 선생님은 나와 연지에게 따로 숙제를 내 주셨습니다.

"내일 수업 시간에 질문할 것들을 만들어 오는 거다."

'알림장에 적은 숙제만도 벅찬데, 에효~.'

이튿날, 과학 시간이었습니다. 그림자에 대해 공부를 하기 위해 선생님께서 스크린과 전등을 가져오셨습니다.

"자, 선생님이 비추는 물건이 무엇인지 맞춰 보세요."

선생님은 컵과 자, 공, 인형 등을 비추었고 그때마다 아이들은 잘 맞췄습니다.

"선생님, 그런데 왜 공과 컵의 그림자 모양이 같아요?"

연지가 먼저 손을 들고 말했습니다.

"빛은 직진하는 성질을 가졌어요. 컵을 이렇게 세워서 빛을 비추면 빛은 그 면을 따라 직진하여 공과 그림자가 같아져요."

선생님은 웃으면서 대답해주었어요. 연지는 것 보라는 듯이 민재를 보고 웃었어요.

'어라? 나보다 먼저 질문을 해.'

민재도 질문하기 적당한 때를 기다렸습니다.

"자, 손전등의 위치를 바꾸면 그림자의 방향도 바뀌죠?"

그때 민재가 손을 번쩍 들었습니다.

"선생님, 빛이 많으면 그림자도 많아지나요?"

"맞아요. 야간에 축구 경기를 하면 선수들의 그림자가 여러 개죠? 조명등이 여러 곳에서 비추기 때문이에요. 그림자는 광원마다 하나씩 생긴답니다."

그다음에는 누가 질문했을까요? 민재와 연지는 질문하기 위해 어느새 선생님 말씀에 귀를 기울였답니다.

똑똑 선생님의 한마디

공부 잘하는 학생들이 그런 말을 하죠?
"학원은 안 다니고, 학교 수업 시간에 집중했어요."
거짓말 같지만 틀린 말은 아니랍니다.

수업 시간에 집중하면 교과서 내용을 쉽게 이해하고 외울 수 있어요.
또 혼자 공부하는 시간도 많이 줄일 수 있지요.

수업 시간에 집중이 잘 안 된다고요? 아주 좋은 방법이 있어요. 바로 '질문하기'예요. 질문을 하면 창피한 생각이 들고, 선생님이 "그것도 모르니?" 할까 봐 걱정이라고요?

질문도 어느 정도 알고 있는 사람이 할 수 있는 거예요. 알게 되니 호기심이 생겨 이것저것 궁금증이 생긴 것이지요. 이런 질문과 답변의 과정을 통해 집중력도 생기고, 수업도 재미있어집니다.

모르는 것이 창피한 게 아니라 모르면서도 아는 척하는 게 더 창피한 것이랍니다.

우등생의 법칙

수업이 재미있어지는 공부습관

① 예습 때 모르는 부분에 밑줄 긋기

수업 전에 교과서를 읽으며 이해가 되지 않는 부분이나 단어에 밑줄을 그어둔다. 수업에 더욱 집중할 수 있고, 선생님께 질문거리가 된다.

② 필기는 반드시 필기 시간에 한다

선생님이 필기 시간을 따로 줄 때 부지런히 옮겨 적는다. 딴짓을 하다 그 시간을 놓치면 선생님의 설명에 제대로 집중하지 못하게 된다.

③ 나만의 표시(메모)를 남긴다

수업 시간에는 늘 손에 색연필이나 연필을 들고 있다. 선생님이 강조하는 부분 또는 이해가 잘 되지 않는 부분에 표시해 두면 복습을 하거나 시험공부를 할 때 도움이 된다.

④ 질문하기 놀이

정리하는 단계에서 질문하기 놀이를 한다. 혼자 묻고 답하거나 친구들과 같이 시험공부를 하며 응용하는 것도 좋다. 예상 문제를 만들다 보면 자연스럽게 공부가 된다.

나만의 필기 노하우

☑ 필기하기 전 맨 위에 날짜를 쓴다.

☑ 단원명을 적고, 필기할 내용에 번호를 매긴다.

☑ 제목은 항상 눈에 띄도록 크게 적고, 글씨는 반듯하게 쓴다.

☑ 내용이 바뀔 때마다 단락을 바꾸어 준다.

☑ 너무 빽빽하게 쓰면 복습을 하거나 보충 설명을 적어야 할 때 공간이 없으므로 여유 있게 공간을 남긴다.

☑ 선생님이 강조하는 부분은 시험에 나올 수 있으므로 색연필로 표시한다.

6. 오래 앉아 있기만큼 중요한 집중력

"엄마, 오늘은 1시간 앉았으니까 스티커 넉 장 주세요."

민재가 말했습니다.

"정말? 요즘 민재가 제법 책상에 잘 앉아 있네."

엄마는 칭찬하며 민재에게 스티커를 주었습니다.

"앗싸, 이제 조금만 더 모으면 50장이다."

엄마는 민재가 스티커를 50장 모을 때마다 선물을 주기로 했습니다. 선물은 벌써 민재가 찜해 놓은 마법 카드로, 민재는 선물 생각에 싱글벙글합니다.

이튿날 아침, 민재는 학교에 가고 엄마가 민재 방을 청소하러 들어갔습니다.

"그래도 예전보다는 정리정돈을 잘하네."

엄마는 웃으면서 민재 책상을 정리했습니다. 그러다 민재 계획표와 문제집을 보게 되었지요.

"어머? 요즘 하루에 한 시간은 책상에 앉아 있는 것 같더니……."

엄마의 얼굴이 꽤 심각해졌습니다.

학교에서 돌아온 후, 민재는 다시 책상에 앉았습니다.

"엄마, 저 공부 시작해요!"

이번에는 엄마가 슬쩍슬쩍 드나들었습니다. 민재가 무슨 공부를 하는지 보기 위해서였습니다.

그런데 민재는 문제집을 펴 놓고는, 한 문제 풀고 연필 장난, 또 한 문제 풀고 서랍 속에서 물건을 꺼내어 장난을 치고 있었습니다.

"민재야, 책상에만 앉아 있는 게 다가 아니야. 책상에 앉아 있으면 뭐해, 공부보다 딴짓을 더 많이 하는데. 그건 시간 낭비야. 스티커 다시 생각해 봐야겠다."

"헉! 엄마, 그런 게 어디 있어요!"

민재는 깜짝 놀라 두 눈이 동그래졌습니다.

"스스로 생각하기에 15분이 부끄럽지 않다면, 정말 공부를 한 거라면 그때 스티커 받으러 와."

엄마는 그렇게 말하고 민재 방에서 나갔습니다.

"쩝, 시간만 보내려는 걸 엄마가 어떻게 아셨지? 정말 엄마는 모르는 게 없다니까."

민재는 고개를 갸웃거리며 문제집을 풀기 시작했습니다.

똑똑 선생님의 한마디

앞에서 끈기가 중요하다고 했죠. 책상에 오래 앉아 있는 만큼 공부도 많이 할 수 있다고요. 그런데 그보다 더 중요한 게 있어요. 바로 집중력이에요.

책상에 오래 앉아 있더라도 책만 펴 놓고 멍하니 있는 것은 아무 소용없어요. 수업 시간 40분을 꼬박 앉아 있어도 머릿속으로 딴생각을 하고 있으면 수업이 귀에 들어올 리 없죠.

멍한 상태로 책상에 오래 앉아 있다고 성적이 오르는 것은 아니에요. 오히려 시간만 낭비하는 것이랍니다. 성적이 좋은 학생들은 대부분 집중력이 좋아요. 집중력이 좋으므로 같은 시간을 공부해도 공부한 양이나 질이 뛰어나답니다.

고학년이 될수록 집중력은 더욱 중요해져요. 누가 오랫동안 책상에 앉아 있느냐보다 누가 길게 집중하느냐에 따라 성적이 좌우되지요. 집중력은 '마음의 근육'이라고 해요. 운동으로 근육을 키우듯 집중력도 훈련하면 키울 수 있답니다.

지금부터 조금씩 집중력을 키우는 습관을 들이도록 하세요.

집중력을 키우는 습관

① 호기심을 가진다
집중력을 높이려면 흥미와 관심이 중요하다. 교과서를 읽을 때 그냥 읽지 말고, 단원의 제목을 보고 추측하는 버릇을 들이자.

② 집중력을 방해하는 것들을 없앤다
주위 환경이 지저분하면 집중력에 방해를 받는다. 따라서 공부할 책상이나 방을 반드시 정리정돈 한다.

③ 휴대전화를 멀리한다
공부할 때 전화가 오거나 문자가 오면 공부의 리듬이 깨질 수 있다. 공부하는 동안 휴대전화는 꺼두는 것이 좋다.

④ 휴식 시간을 가진다
사람은 누구나 일정한 시간이 지나면 집중력이 떨어지기 마련이다. 1시간 내내 공부하는 것보다 30분 공부 후 5분 휴식을 반복하는 것이 집중이 잘 된다(싫어하는 과목은 20분 공부 후 5분 휴식, 좋아하는 과목은 40분 공부 후 10분 휴식).

과목별 집중 시간을 알자!

과목		1일	2일	3일	4일	5일
국어	시간					
	분량					
수학	시간					
	분량					
영어	시간					
	분량					
기타	시간					
	분량					

❶ 과목별 집중 시간과 공부 분량을 확인한다.

❷ 평소 집중 시간을 알맞으로 맞춘 후 공부 분량을 약간만 늘려 공부한다.(수학 4문제, 영어 단어 5개 정도)

❸ 만약 그 시간 동안 집중을 잘했다면 5분씩 시간을 늘려가며 집중 시간과 공부 분량을 늘린다.

★ 시험처럼 시간을 정하면 긴장감이 생겨 집중력을 높일 수 있다.

일주일 공부습관

1. 빡빡하지도 느슨하지도 않게

민재는 민희 책상 앞에 붙은 종이를 보았습니다. 네모난 칸에 색깔별로 색칠되어 있었습니다.

"뭐야, 색칠 공부하는 것도 아니고."

"아~, 이 계획표. 나만의 비법!"

엥? 민희는 색깔로 계획표를 세우는 걸까요? 아니면 무슨 암호 같은 걸까요?

"공부 잘하는 애들은 꼭 그러더라. 괜히 비법이네, 비장의 카드네 하면서 안 가르쳐주고. 쳇!"

민재가 입을 삐쭉 내밀었습니다.

"그게 아니라, 계획표대로 공부하고 나서 색칠한 거야. 계획한 대로 다 한 날은 분홍색, 못한 날은 보라색."

"어? 완벽한 누나도 보라색일 때가 있어?"

민재가 계획표를 가만히 들여다보았습니다.

"응. 친구 생일 파티가 있다는 걸 깜빡했어. 일주일 계획을 세울 때는 하루 계획을 세울 때랑 조금 달라. 조금은 여유 있게 세워야, 나중에 보충할 수 있으니까."

민희는 일주일 계획 세우는 방법에 대해 말해 주었습니다.

'여유라~.'

민재는 고개를 끄덕였습니다.

이튿날, 민재는 숙제를 하며 잠깐 책상에 앉아 있는가 싶더니 텔레비전을 보고 있었습니다.

"이민재, 너 오늘은 종일 텔레비전만 보냐?"

민희가 물었습니다.

"이것도 계획 일부라고."

"뭐?"

민희는 깜짝 놀라 민재의 계획표를 보았어요.

"뭐야! 할 일이 숙제하고, 영어 단어 세 개 외우기, 수학 문제 세 개 풀기 이게 다야?"

"누나가 계획을 여유 있게 짜라고 했잖아."

민희는 한숨을 푹 쉬었습니다.

"내가 너한테 무슨 말을 하겠니. 여유 있게 하라고 했지 이렇게 느슨하게 하라고 했어?"

"어휴, 계획 세우는 게 뭐가 이렇게 어려워~."

이번에는 민재가 한숨을 푹 쉬고 말았습니다.

똑똑 선생님의 한마디

계획표를 짤 때 마음만 앞서서 자신의 능력보다 너무 높게 잡지 마세요. 그러면 자신감이 떨어지고 스트레스만 쌓일 거예요. 공부하는 습관을 들이려다가 아예 공부와 담쌓게 되면 안 되잖아요.

그렇다고 자신의 능력보다 너무 느슨하게 계획을 세우는 것도 좋지 않아요. 긴장감도 없고, 성취감도 낮아서 공부습관을 들이지 못한답니다.

그렇다면 적당한 것이 뭐냐고요? 그것은 친구들 스스로 찾아야 해요. 완벽한 계획은 없어요. 여러 번 시행착오를 거치다 보면 친구들에게 맞는 계획표를 만들 수 있을 거예요. 더불어 자연스럽게 공부습관까지 생기게 된답니다.

시행착오란? 어떤 문제(목표)를 풀기 위해 여러 가지 방법을 되풀이하여 시도하는 일로 점점 실패가 줄이면서 문제의 답을 찾게 된다.

일주일 계획표 세우는 방법

❶ 요일로 나누어 세운다
보통 요일에 따라 학원이나 일정들이 변하게 되므로 일주일 계획표는 요일별로 계획을 세우는 것이 좋다.

❷ 일주일에 하루, 신 나게 노는 날을 정한다
운동이나 음악과 같은 취미 활동을 하거나 놀이터에서 노는 것도 좋다. 공부 스트레스를 없애야 또다시 공부할 마음도 생긴다.

❸ 일주일에 한 번 계획표를 평가한다
계획대로 잘 지켜지더라도 일주일에 한 번 계획표를 평가하는 시간을 가진다. 보충하거나 고쳐야 할 점은 수정한다.

❹ 성취표를 만든다
계획대로 잘 지켰는지 한눈에 알아볼 수 있는 성취표를 만든다. 실행 결과에 따라 색을 달리해 칠하면, 칠해진 색에 따라 얼마나 계획을 잘 실천했는지 알 수 있다.

일주일 계획 · 성취표

	월	화	수	목	금	토	일
숙제	✓	✓	✓	✓	✗	내 마 음 대 로	
예습	✓	✓	✗	✓	✓		✓
복습	✓	✓	✗	✓	✓		✓
수학 문제집	25~27p	28~30p	31~33p	34~36p	37~39p		40~42p
영어 단어	5개	5개	5개	5개	5개		5개
평가							

★  계획 완료   계획 미실행

라. 잘 노는 아이가 공부도 잘한다?

계획표대로 잘하는가 싶더니 민재가 덜컥 감기에 걸리고 말았습니다.

"쯧쯧, 그러게 갑자기 무리한다 싶더라."

민희가 혀를 차며 말했어요. 말은 그렇게 했지만 민희는 민재를 위해 가습기도 틀어 주고, 약도 챙겨 주었어요. 속으로는 꽤 걱정되었지요.

민재는 며칠 동안 침대에 누워만 있어야 했습니다.

'아, 이제 겨우 계획대로 공부하는 습관이 몸에 배던 참인데 감기라니. 너무 아깝다……'

민재는 눈물을 찔끔거렸습니다.

사흘 동안 학교도 못 가고 푹 쉬었더니, 다행히 조금씩 기운도 되찾고 열도 떨어졌습니다. 하지만 계획표와 너무 어긋나버려 민재는 모든 의욕을 잃었습니다.

"이민재, 뭐하냐? 왜 이렇게 기운이 없어?"

민희가 민재 방에 들어왔습니다.

"계획표 때문에. 이제 겨우 익숙해졌는데……."

민재가 풀이 죽어 중얼거렸습니다.

"야, 한 번 어긋났다고 안 할 거야? 세상에 모든 계획이 다 이루어진다면 성공 못 할 사람이 없게? 이런저런 일을 겪으면서 요령도 생기고, 실력도 쌓이고 그러는 거지."

웬일로 민희가 민재를 달래줍니다. 하지만 그것도 잠시입니다.

"그런데 내가 가만히 보니까, 넌 정말 기본이 안 돼 있어. 공부하려면 건강이 기본이지. 건강해야 공부를 하든 놀든 할 거 아냐. 그런데 놀 때는 아프지도 않던 애가 공부 좀 하고 끙끙 앓는 게 수상해. 너, 꾀병이지?"

"뭐? 지금 누구 약 올려!"

민재는 버럭 소리를 질렀지만 민희 말이 맞습니다. 욕심을 내서 세운 계획을 지키느라 건강을 돌보지 못한 것은 민재의 실수가 분명하니까요.

"큭큭, 나한테 덤비는 걸 보니 다 나았네. 걱정하지 마! 다시 하면 되고, 한번 해 봤으니까 잘할 거야."

민희가 민재의 등을 토닥여주었습니다.

똑똑 선생님의 한마디

　　공부를 잘하고 싶다면 아침밥을 꼭 챙겨 먹어야 해요. '아침밥은 위로 들어가지 않고 뇌로 들어간다.'는 말이 있어요. 아침밥이 단순히 배를 채우기 위한 것이 아니라 힘들고 지친 뇌를 위한 것이라는 말이에요.

　　우리 몸에서 쉬지 않고 일하는 것이 바로 뇌라고 해요. 우리가 자는 동안에는 밤새 아무것도 먹지 못한 상태에서 일하니 얼마나 피곤하겠어요.

　　뇌는 기운을 차리기 위해 아침밥에서 영양을 공급받아야 해요. 그런데 아침을 먹지 않고 학교에 간다면 어떨까요? 당연히 공부가 잘될 수 없겠지요. 실제로 한 연구에 의하면 수능 모의고사 상위 0.1% 안에 드는 고3 학생들은 아침밥을 꼭 챙겨 먹었다고 해요.

　　아침을 먹으면 속이 든든하니 마음도 안정되고, 뇌도 에너지를 받았으니 수업 시간에 집중을 잘하게 돼요. 그러니 성적이 오르는 것은 당연한 일이랍니다.

공부습관을 돕는 건강습관

① 아침 일찍 일어나기

아침을 일찍 시작한 사람은 하루가 여유롭고, 오후 시간을 두 배로 활용할 수 있지만, 늦잠으로 시작한 사람은 뇌가 깨어나지 못해 멍한 상태에서 오전 시간을 헛되이 지내게 된다. 또한, 오전 수업에 집중하지 못해 집에서 보충해야 할 것이 많고, 숙제나 문제 풀이 시간도 많이 걸리게 된다.

② 아침밥 꼭 먹기

아침밥은 건강은 물론 밤새워 일한 뇌에 에너지를 보충하기 위해 꼭 먹어야 한다. 아침밥을 먹지 않으면 뇌에 영양이 공급되지 못해 오전 시간을 헛되게 보내기 쉽다.

③ 일찍 잠자리에 들기

밤늦게 공부하는 것은 좋지 않다. 특히 성장기에는 밤 10시에서 새벽 2시 사이에 성장 호르몬이 나오기 때문에 그 시간에는 반드시 깊은 잠을 자는 것이 좋다. 물론 밤에 공부가 잘되는 사람도 있겠지만 조금씩 생활습관을 바꾸면 여유 있는 하루를 보낼 수 있다.

효과적으로 공부하기

☑ 실천 가능한 계획으로 성취감을 높이고, 공부습관을 들인다.

☑ 공부를 시작하기 전 조용한 음악이나 간단한 스트레칭으로 마음을 정리하는 시간을 가진다.

☑ 공부가 끝난 과목의 책들은 다음 공부를 위해 정리하여 집중력이 흐트러지지 않도록 한다.

☑ 휴식을 하기 전 다음 공부할 과목을 정한 후 공부할 책을 미리 준비해 둔다. 그러면 바로 시작할 수 있어 시간이 절약된다.

☑ 공부 중간마다 자세를 바로잡거나 간단한 스트레칭으로 근육을 푼다.

☑ 건강을 위해서는 규칙적인 운동을 한다. 일주일에 2~3일은 땀이 나는 격렬한 운동으로 스트레스를 푼다.

3. 티끌 모으는 공부습관

지난달부터 민재네 반은 수업을 시작하기 전에 15분 정도 단소를 배웁니다.

"단소는 가방에 들고 다닐 수 있을 만큼 가벼워서 언제 어디서든 연주할 수 있어요. 그리고 악기를 연주하면서 마음도 안정시킬 수 있고, 새로운 악기도 배우고 집중력도 기를 수 있지. 그야말로 일석이조가 될 것입니다."

그리고 거의 한 달째, 민재네 반은 수업 시작 전에 단소 소리가 울려 퍼집니다. 어려운 악기가 아니라서 이제 반 아이들 모두가 독주는 물론이고 합주도 할 수 있습니다.

어느 일요일, 민재는 문제집을 풀다가 연필을 놓았습니다.

"흠~, 오늘은 진도가 잘 안 나가네. 단소나 불어 볼까?"

민재는 학교에서 연습하는 곡을 불었습니다.

"오~ 민재야, 듣기 참 좋다. 단소는 언제 배웠니?"

단소 소리를 듣고 아빠가 민재 방으로 들어왔습니다.

"이거요? 학교에서요. 지난달부터 선생님께서 1교시 시작하기 전에 가르쳐 주셨어요."

"그래? 선생님께서 자투리 시간을 잘 활용하셨구나."

"자투리 시간요?"

민재가 아빠에게 물었습니다.

"그래. 보통 1교시 시작 전까지 그냥 시간을 보내기 일쑤일 텐데, 선생님께서 단소 연주를 가르쳐 주셨으니까 말이야. 아마 지각생도 많이 줄었을 것 같구나."

그러고 보니 단소 시간에 맞춰 등교하느라 수업 시간 5분 전에 학교에 오던 몇몇 아이들이 요즘은 딱 제시간에 등교합니다.

"시간이라는 게 조각난 것을 모으면 하나의 커다란 덩어리가 될 수 있단다."

'자투리 시간이라.'

하루, 일주일 단위로 계획표를 세우는 민재에게 자투리 시간이 있을까요?

똑똑 선생님의 한마디

모든 사람에게 하루는 24시간입니다. 어른이든 아이든, 남자든 여자든 모든 사람의 하루는 24시간입니다. 그런데 24시간을 꽉 차게 활용하는 사람이 있는가 하면, 12시간밖에 활용하지 못하는 사람도 있습니다.

그렇다면 시간을 잘 활용하려면 어떻게 해야 할까요? 먼저 계획을 세우고, 자투리 시간을 잘 활용해야 해요.

자투리는 조각을 뜻하는 말로 조각난 옷감을 이으면 옷이 될 수 있듯이 시간도 자투리 시간을 잘 이으면 온전한 시간이 될 수 있습니다.

친구들의 자투리 시간을 살펴볼까요? 등교 전 여유 시간, 1교시가 시작되기 전 여유 시간, 쉬는 시간, 점심시간, 자기 전 시간 정도가 있을 거예요. 그 시간을 활용해보세요.

자투리 시간에는 이해력이 필요한 공부보다 영어 단어 암기나 간단한 문제 풀이가 적당해요. 단어장처럼 이 시간에 공부할 것을 미리 준비하는 것이 좋답니다.

자투리 시간 제대로 활용하기

① 쉬는 시간을 이용해 복습, 예습한다
수업이 끝나면 배운 것을 한 번 훑어보는 정도로 복습하거나 다음 시간에 공부하게 될 부분을 눈으로 읽어 예습한다.

② 자투리 공부용 수첩을 만든다
따로 시간을 내서 공부하는 것이 오히려 시간 낭비가 되는 단어나 한자, 사자성어, 속담, 수학 공식 등을 수첩에 정리하여 자투리 시간마다 펼쳐보면 쉽게 외울 수 있다.

③ 알람을 이용하자
휴식 시간을 이용해 컴퓨터나 텔레비전을 볼 때는 정해 놓은 시간을 알람으로 맞춰 놓는다. 조금만 더 조금만 더 하다 보면 몇 시간씩 허비할 수 있으므로 주의한다.

④ 조금 긴 자투리 시간
명절이나 휴가, 연휴와 같은 긴 자투리 시간에는 부족한 과목을 복습하며 보충하는 시간을 가진다. 그렇다고 종일 공부만 하면 오히려 질릴 수 있으므로, 한 과목만 정해 문제집이나 학습지를 풀도록 한다.

자투리 시간을 어떻게 보냈을까?

아침 시간

쉬는 시간

점심 시간

저녁 시간

4. 할 수 있어? 할 수 있어!

어느 날 저녁, 민희가 베란다에서 건너편을 물끄러미 보고 있었어요. 민재가 곁에 다가가 물었어요.

"누나 뭐해?"

"저기 저 집. 김수현 오빠네 보고 있는 거야."

민희가 손가락으로 건너편을 가리켰습니다.

'김수현? 아, 전교 1등 하는 형!'

"그 오빠가 이번에 국제중학교에 입학했대."

"그런데? 그게 누나랑 무슨 상관이야?"

"나도 저 오빠만큼 공부를 잘하고 싶거든. 그래서 저 오빠보다 딱 10분만 더 공부하고 잘 거야. 저 방이 김수현 오빠 방이래. 방에 불이 꺼지고 10분 더 공부하면 내가 저 오빠보다 공부를 많이 하는 게 되는 거겠지?"

민희는 꽤 야무지게 대답했습니다. 하지만 민재는 시큰둥하게 말했어요.

"누나, 저 형은 원래 공부를 잘하는 사람이야. 누나가 아무

리 공부해 봤자 저 형을 따라갈 수 없어. 그렇게 열심히 공부하는 수학을 언제 100점 받은 적 있어? 안 돼, 저 형은 우리랑 다른 세계의 사람이라고."

"그건 두고 볼 일이지."

민희는 민재 말에는 신경 쓰지 않았습니다.

며칠 뒤, 민희는 수학 경시대회에서 100점을 받았습니다.

"어머, 민희야. 수학은 재미없어하더니, 웬일이니!"

민재는 물론 엄마도 깜짝 놀랐어요.

"헤헤, 김수현 오빠 덕 좀 봤죠."

"어? 수현이한테 공부 비법이라도 받았니?"

"아니요."

민희는 김수현 오빠 방의 불이 꺼진 후 10분 더 공부했다고 말했습니다.

"아, 1203호 말이구나."

"네? 10층 아니에요"

"뭐야, 누나 누구랑 경쟁한 거야?"

"누구면 어때. 그 덕분에 100점 받았으면 그걸로 됐지."

민희가 환하게 웃으며 대답했습니다.

똑똑 선생님의 한마디

공부를 잘하면 모든 일에 자신감이 생겨요. 친구들한테 인기도 많아지고, 선생님이나 부모님의 칭찬도 들으니 어깨도 쫙 펴지고 말이에요.

그렇다면 공부를 잘해서 자신감이 생기는 걸까요? 아니면 자신 있게 공부하기 때문에 공부를 잘하는 걸까요? 정답은 '자신감이 있어야 공부를 잘할 수 있다.'예요.

긍정적인 사람은 어려움이 닥쳐도 헤쳐나갈 수 있지만, 자기 자신을 부정적으로 생각하는 사람은 시작도 전에 포기하게 되죠.

공부도 마찬가지예요. '나는 할 수 있어.'라고 생각하는 사람과 '나는 안 돼.'라고 생각하는 사람의 성적은 다를 수밖에 없어요. 스스로 자신의 능력을 어떻게 평가하느냐에 따라 행동이 달라지고 또 결과가 달라지는 거예요.

사람 뇌의 용량은 자신감에 따라 차이가 생긴다고 해요. 자신감이 없는 사람은 자신감이 많은 사람에 비해 뇌의 크기가 20% 정도 작다고 해요. 그러다 보니 당연히 기억력과 학습 능력도 떨어지게 되지요.

자신감은 내 능력에 대한 믿음이에요. 공부습관이 몸에 배지 않는다고, 성적이 오르지 않는다고 실망하지 마세요. 조금 해 보고 안 된다고 여러분의 능력을 한계 짓지 마세요. 공부습관은 평생 할 공부를 즐겁게 잘하기 위해 익숙해지는 과정입니다. 조급함 보다는 성실함이 더 필요해요.

　또 자신감은 슬럼프에 빠졌을 때 슬럼프에서 빠져나올 힘이 되기도 해요. 자신감을 잃으면 부정적인 생각에 사로잡혀 '나는 안 돼!' 하고 목표에 대한 도전 의지를 잃게 합니다. 하지만 자신감이 있으면 긍정적인 마음을 가지게 되지요.

　공부하다 지쳤을 때 자신을 스스로 다독이세요. 아침마다 거울을 보며 "할 수 있어!" 하고 말해 보세요. 잠시 잊었던 최고의 컨디션을 찾을 수 있을 것입니다.

　공부를 잘하는 사람이 자신감이 넘치는 게 아니라 자신감이 넘치는 사람이 공부를 잘하는 거예요.

자신감 있는 공부습관

① 안 된다는 생각을 버려라

성적이 나쁘다고 해서 '난 이 과목을 못해.' 하는 생각은 자신감과 하고자 하는 의욕을 떨어뜨린다. 성적과 관계없이 잘할 수 있다는 생각이 좋은 결과를 얻게 한다.

② 작은 일부터 자신에 대한 믿음을 가져라

자신감을 되찾기 위해서는 아주 작은 일부터 자신에 대한 믿음을 가져야 한다. 계획표를 지키고 나만의 약속을 만들어 작은 성공에 익숙해지면 '나도 할 수 있다.'는 자신감이 생기고 의욕도 생기게 된다.

③ 절대 남과 비교하지 말자

다른 사람과 비교하다 보면 우월감 또는 열등감을 갖게 되어 상처받기 쉽다. 그보다는 자신을 스스로 믿는 마음을 갖는 것이 중요하다.

5. 맛있는 것부터 먹을래, 맛없는 것부터 먹을래?

이제 곧 기말시험이에요.

"무슨 과목을 먼저 공부할까? 음, 매도 먼저 맞는 게 낫다고 수학 공부부터 시작하자."

민재는 수학 문제집을 펼쳤습니다. 사실 민재는 수학을 좋아하지 않습니다. 특히 응용문제는 수학 문제인지 국어 문제인지 모를 정도로 문제가 아주 길어서 질색입니다.

"으, 응용문제다. A는 주스를 0.6만큼 남겼고, B는 4/10만큼 남겼습니다. 누가 주스를 더 많이 남겼을까요?"

민재는 두 손으로 머리를 쥐어짰습니다.

"아, 주스를 다 마시지 왜 남기고 난리야!"

그때 민희가 민재 방에 들어왔어요.

"민재야, 뭐해?"

"으, 수학은 정말 싫어! 아예 공부할 맛이 안 난다고!"

민재는 울상이 되었어요. 민희는 민재의 수학 문제집을 보고 알겠다는 듯이 피식 웃었습니다.

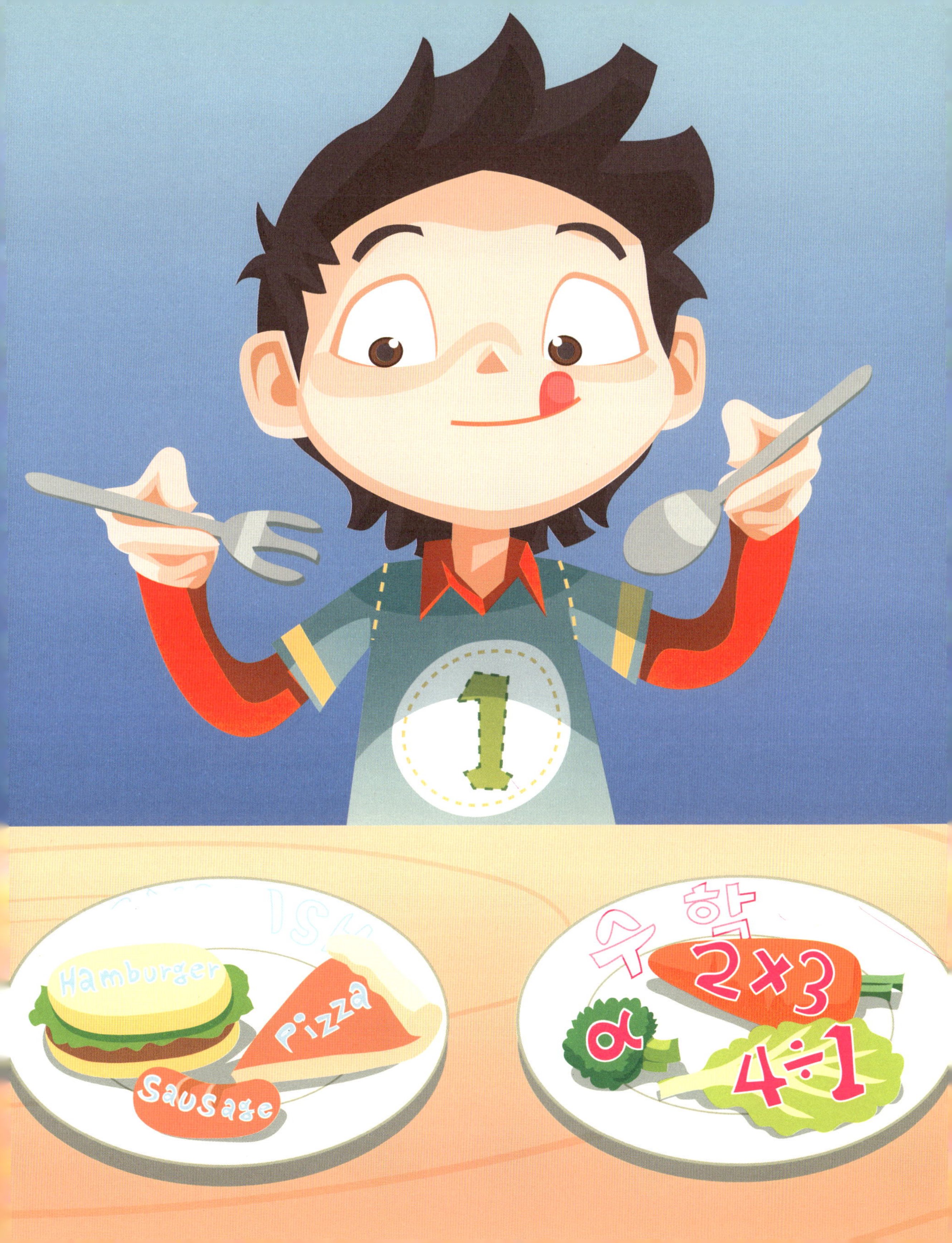
1
Hamburger
Pizza
Sausage
수학
2×3
α
4÷1

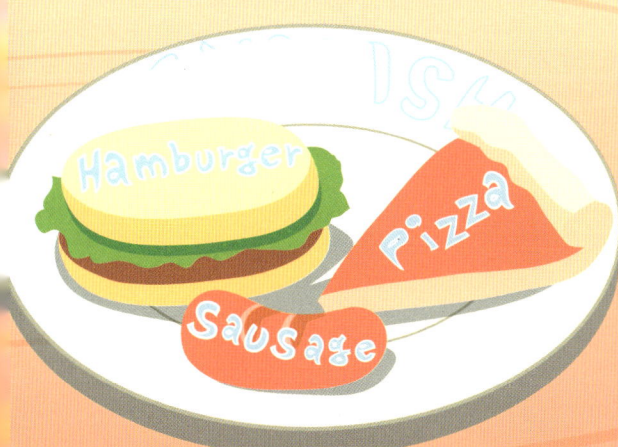

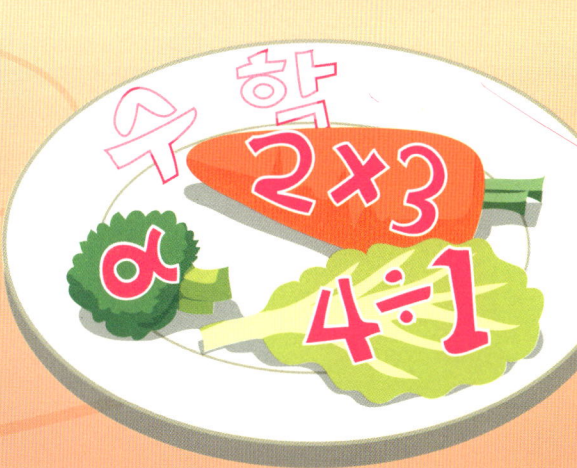

"민재야, 넌 맛있는 거랑 맛없는 것 중에 어떤 걸 먼저 먹어?"

민희 질문에 민재는 고개를 갸웃거렸습니다.

"음~, 맛없는 거. 맛없는 것부터 먹어야 나중에 맛있는 걸 먹을 수 있지."

"나는 맛있는 것부터 먹어. 그러면 먹는 내내 맛있고 나중에 맛없는 것을 먹어도 생각보다 맛없지 않더라. 그런데 맛없는 것부터 먹으면 배가 불러서 나중에 맛있는 것도 생각보다 맛없어지는 것 같아."

민희는 민재에게 수학 문제집을 건네며 말했습니다.

"그런데 그거랑 수학 문제집이랑 무슨 상관이야?"

"그냥. 수학 문제집을 보니까 너는 맛없는 걸 먼저 먹는 애인 거 같아서."

민희가 방을 나가고 나서 민재는 다시 수학 문제집을 바라보았습니다.

"맛있는 것을 먼저 먹고, 맛없는 것을 나중에 먹는다고?"

가만히 문제집을 보던 민재는 웃으면서 수학 문제집을 덮었습니다. 그리고 좋아하는 영어 문제집을 꺼냈습니다.

똑똑 선생님의 한마디

모든 과목이 다 재미있으면 얼마나 좋을까요. 그러면 모든 수업 시간이 기다려지겠지요?

하지만 대부분의 친구는 좋아하는 과목과 싫어하는 과목이 나누어져 있어요. 좋아하는 과목만 공부하고 싶지만 그건 불가능한 일이지요. 그렇다면 싫어하는 과목을 재미있게 하려면 어떻게 해야 할까요?

싫어하는 과목과 좋아하는 과목을 공부해야 할 때 먼저 싫어하는 과목을 공부하면 처음에는 잘 되는 듯해요. 하지만 금세 지겨워지고 집중력도 떨어지게 돼요.

이럴 때는 좋아하는 과목부터 하는 게 좋아요. 좋아하거나 자신 있는 과목부터 시작하면 성취감을 느껴 자신감이 생기게 돼 다른 과목도 공부하고 싶은 동기가 생긴답니다.

나는 왜 이 과목을 싫어할까?

왜 싫어하는 과목이 생겼는지 그 이유를 파악하는 것이 중요하다. 원인을 알아야 문제를 쉽게 해결할 수 있다.

시험 성적이 좋지 못해 싫어졌을 때
성적이 좋지 않으면 대부분 그 과목에 자신감이 없어져 흥미를 잃게 된다. 때문에 자연히 공부를 등한시하게 되어 성적은 계속 떨어질 수밖에 없다.

수업 시간에 선생님께 혼났을 때
수업 시간에 선생님에게 혼난 기억이 있으면 그 과목이 싫어질 수 있다. 또 수업 내용을 이해하지 못한 상태에서 선생님의 질문에 대답하지 못한 창피함 때문에 싫어질 수도 있다.

★ 내가 [　　　　] 과목을 싫어하는 이유는
[　　　　　　　　　　　　　　] 때문이다.

싫어하는 과목이 좋아지는 공부습관

☑ 다양한 공부법을 시도하자
  싫어하는 과목을 공부하는 첫 단계는 관심 두기이다. 교과서가 아닌 동화, 영화를 통해 흥미를 가진다.

☑ 컨디션이 좋을 때 공부하자
  싫어하는 과목은 되도록 컨디션이 좋을 때 공부한다. 처음부터 긴 시간보다는 짧은 시간으로 시작해 차츰 늘려간다.

☑ 기초부터 시작하자
  수학이나 과학은 기초 실력이 부족하면 수업을 따라가기 힘들다. 시간이 걸리더라도 처음부터 천천히 기초를 잡는다.

☑ 질문하는 습관을 기르자
  수업 시간에 질문을 하다 보면 수업에 집중도가 높아질 뿐 아니라 선생님과도 친해질 수 있는 계기가 된다.

☑ 부족한 단원에 집중하자
  수업 시간에 집중하며 내가 잘 이해하지 못하는 단원이나 분야를 찾아 부족한 부분부터 차례로 공부한다.

6. 내 머릿속에 지우개?

"성환이는 아이큐가 160이래. 머리가 엄청나게 좋아서 한 번 본 건 잊지도 않는대."

이현이가 민재에게 작은 목소리로 말했습니다. 민재도 고개를 끄덕이며 말했습니다.

"역시, 보통은 아니라고 생각했어. 머리는 좋고 봐야 해. 그래야 공부도 잘하지. 아마 성환이는 시험공부를 안 해도 백 점일 거야."

성환이의 별명은 컴퓨터입니다. 말 그대로 한 번 보고 들을 것은 절대 잊지 않습니다. 당연히 수업 시간에도 돋보이고 공부도 잘합니다.

쉬는 시간에 민재는 이현이와 장난을 치고 있었습니다.

"나 잡아 봐라!"

이현이가 도망치자 민재가 뒤따라갔습니다.

"거기에 서!"

그러다 그만 성환이와 부딪쳐 무언가를 툭 떨어뜨렸습니다.

"아, 미안."

민재가 사과하며 성환이가 떨어뜨린 것을 주웠습니다.

"괜찮아. 그런데 교실에서는 뛰면 위험해."

"미안. 그런데 성환아 이게 뭐야?"

수첩이었습니다. 수첩에는 영어 단어, 한자 등 여러 가지가 적혀 있었습니다.

"그냥 공부한 내용 적은 거야."

"그럼 쉬는 시간마다 이걸 보고 있는 거야?"

성환이는 고개를 끄덕였습니다.

"아이큐 160인 애가 뭐 하러 쉬는 시간까지 공부해?"

"뭐? 하하하하."

성환이가 큰 소리로 웃었습니다.

"내가 아이큐 160이라고? 뭐, 듣기 싫지는 않다."

성환이는 웃으면서 다시 수첩을 넘겼습니다. 민재는 고개를 갸웃거렸습니다.

'이 웃음은 뭐지? 아이큐 160이 맞는 거야, 아닌 거야?'

> 똑똑 선생님의 한마디

　　한번 본 것을 절대 잊지 않는다면 얼마나 좋을까요. 공부를 하다 보면 외울 것이 많아져 누구나 한 번쯤은 그런 생각을 해봤을 거예요.

　　하지만 한 번 보고 모든 것을 기억하는 사람은 없어요. 기억력이 좋은 사람은 그만큼 노력한 결과랍니다.

　　초등학교 저학년일 때는 무작정 암기하는 것만으로도 좋은 성적을 낼 수 있어요. 외워야 할 내용이 단순하고 양이 많지 않기 때문이지요.

　　하지만 고학년이 될수록 암기해야 할 것들은 많아지고, 내용도 점점 어려워져요. 또 수학이나 과학 같은 이해 과목들도 외워야 할 내용이 점점 많아지죠.

　　따라서 짧은 시간에 많은 내용을 정확하게 암기할 수 있다면 좋은 성적을 낼 수 있을 거예요. 즉, 암기력도 공부의 힘이 된다는 말입니다.

암기력을 키워주는 공부습관

❶ 암기 수첩을 만든다
오랫동안 기억하려면 반복이 최고의 방법이다. 외워야 하는 내용을 작은 수첩에 정리한 후 틈틈이 자주 반복한다.

❷ 공부한 후 바로 복습한다
오늘 공부한 것을 다음 주에 한 시간 복습하는 것보다 공부가 끝난 후 바로 5분 훑어보는 것이 더 효과적이다.

❸ 위치까지 암기한다
외워야 할 내용의 글자뿐 아니라 책의 위치까지 함께 기억하면 나중에 기억을 떠올리는 데 도움이 된다.

❹ 연상해서 외운다
잘 외워지지 않는 단어는 물건이나 상황을 연상하며 외운다. egg(달걀)를 '달걀이 깨졌네. 에그, 이~지지.' 처럼 외우면 재미있고 오랫동안 기억할 수 있다.

❺ 이야기를 만들어 외운다
역사는 외워야 할 것이 많고, 하나의 줄기로 이어지는 내용이므로 이야기를 만들어 통으로 외우는 것이 좋다.

마인드맵으로 정리하기

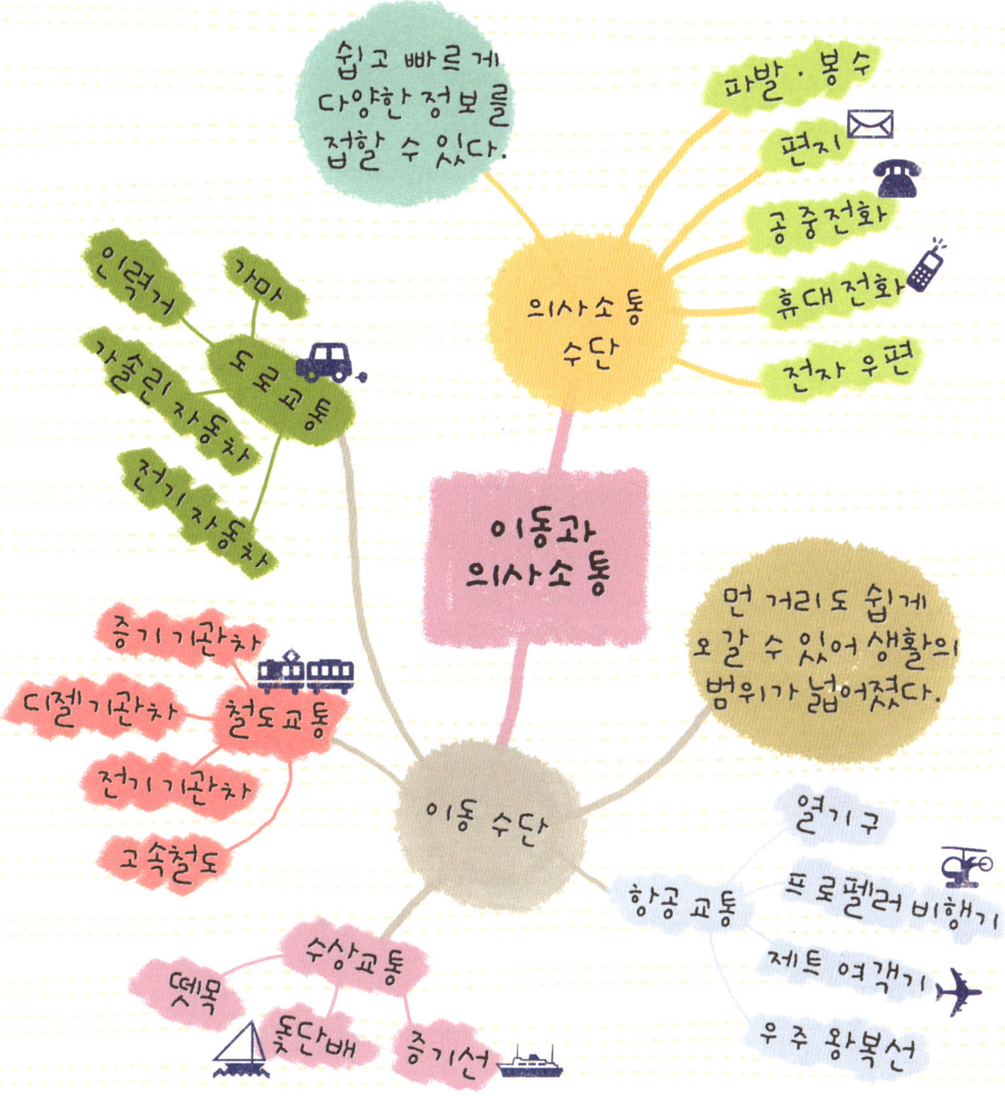

- **이동과 의사소통**
  - 의사소통 수단
    - 쉽고 빠르게 다양한 정보를 접할 수 있다.
    - 파발·봉수
    - 편지
    - 공중전화
    - 휴대 전화
    - 전자 우편
  - 이동 수단
    - 먼 거리도 쉽게 오갈 수 있어 생활의 범위가 넓어졌다.
    - 도로 교통
      - 인력거
      - 가마
      - 가솔린 자동차
      - 전기 자동차
    - 철도 교통
      - 증기 기관차
      - 디젤 기관차
      - 전기 기관차
      - 고속철도
    - 수상 교통
      - 뗏목
      - 돛단배
      - 증기선
    - 항공 교통
      - 열기구
      - 프로펠러 비행기
      - 제트 여객기
      - 우주 왕복선

87

한 달 공부습관

1. 공부는 왜 할까?

수업을 마치고 집으로 오는데 뒤에서 누가 불렀습니다.

"이민재! 같이 가자."

윤지였습니다. 민재는 자기도 모르게 침을 꼴깍 삼켰습니다. 2학년 때 같은 반이었던 윤지는 민재가 몰래 좋아하던 아이인데, 3학년이 되면서 옆 반이 되었습니다.

"어, 주윤지. 오랜만이야."

그러자 윤지가 까르르 웃었습니다.

"옆 반이라서 매일 보는데 무슨 오랜만이야."

"그런가? 헤."

민재는 머리를 긁적였습니다.

"너 요즘 공부 열심히 한다고 소문났더라?"

민재는 우쭐해져 이때다 싶어 자랑했습니다.

"응, 엄마가 책상에 15분 동안 앉아 있으면 칭찬 스티커를 주셔. 책상에 오래 앉는 습관을 들이기 위해 하는 거야. 처음에는 잘 안

됐지만 요즘 30분은 기본이야. 어떤 때는 1시간도 넘게 앉아 있기도 해."

"우와 대단하다."

"뭘~. 칭찬 스티커를 모으면 소원을 들어주신 댔거든. 난 팽이랑 마법 카드 있잖아, 그걸 다 살 거야."

그런데 윤지가 고개를 갸우뚱하며 물었습니다.

"그러면 팽이랑 카드 사기 위해 공부하는 거야?"

민재는 말문이 막히고 말았어요. 윤지가 말을 이었습니다.

"나는 반기문 아저씨처럼 UN 총장이 될 거야. 그런데 UN에 들어가려면 공부를 아주 잘해야 할 텐데 나는 공부를 잘 못해서 걱정이야. 그래도 지금부터 노력하면 되겠지?"

"으…… 응."

민재는 고개를 끄덕였습니다.

"민재 넌 어른이 되면 어떤 사람이 될 거야?"

"나? 나는……."

이걸 어째요. 민재는 한 번도 어떤 어른이 될지 생각해 본 적이 없었습니다. 민재는 어떤 어른이 되고 싶을까요?

똑똑 선생님의 한마디

자기가 하고 싶은 일을 할 때는 누구나 열심히 하게 됩니다. 더 집중하고 더 끈질기게 물고 늘어지지요. 바로 열정이 있기 때문입니다.

공부도 마찬가지예요. 열정을 가지고 있으면 수업이 재미있고, 문제집을 푸는 것도 즐겁습니다. 몰랐던 것을 알아가고 틀린 문제를 이해하게 되는 기쁨도 느끼며, 공부하는 재미를 알게 되는 것이지요.

그럼 이런 열정은 어디서 오는 걸까요? 맞아요. 내가 왜 공부해야 하는지 확실한 '학습 동기'에서 생겨요. 학습 동기가 강하면 스스로 공부를 열심히 하게 되지요. 누가 시키지 않아도 알아서 공부하게 된답니다.

공부를 잘하기 위해서는 좋은 공부습관뿐 아니라 확실한 학습 동기를 갖는 것이 좋아요. 친구들에게 인기를 얻기 위해서, 좋은 대학에 가기 위해서, 멋진 직업을 가지려고 아니면 엄마 아빠를 기쁘게 하려고 등 자신만의 학습 동기를 만들어 보세요.

학습 동기를 찾아라

1 라이벌을 정한다

존경하는 인물이나 닮고 싶은 사람을 정해 놓는 것도 좋은 학습 동기가 될 수 있지만, 자기보다 조금 성적이 뛰어난 친구와 선의의 라이벌이 되어 경쟁하는 것도 좋은 방법이다.

2 공부를 잘하면 얻게 되는 이로운 점을 적는다

아직 꿈을 정하지 못했을 때는 내가 공부를 잘하면 어떤 좋은 점들이 있을지 적어본다. 반대로 공부를 못할 때 나쁜 점들을 적어본다.

3 자신의 미래 모습을 상상한다

어른이 되었을 때 어떤 모습을 하고 있을지 상상한다. 또 그 꿈을 이루기 위해 어떤 능력과 공부가 필요한지 자세히 알아보는 것도 좋다. 공부를 왜 해야 하는지에 대한 가장 확실한 동기부여가 될 것이다.

나는 왜 공부할까?

나의 꿈은 [　　　　　] 입니다.

나는 나의 꿈을 이루기 위해 열심히 공부하고 노력할 것입니다.

공부를 잘하면 어떤 변화가 일어날까?

선행 학습, 어디까지 가 봤니?

"형아!"

민재는 집에 들어서자마자 큰 소리로 외쳤습니다. 큰집의 사촌 형이 놀러 왔거든요.

형은 대학생인데 군대에 가야 해서 휴학을 했습니다. 군대 가기 전까지 민희 누나의 수학을 가르쳐주기로 했지요.

"형, 이제 일주일에 한 번씩 우리 집에 놀러 오는 거야?"

민재는 두 눈을 반짝이며 말했습니다.

"놀기는! 형은 민희 공부 가르쳐 주러 오는 거야."

엄마가 미리 으름장을 놓습니다. 누나 공부하는데 방해하지 말라는 거죠.

"뭐야. 난 형이랑 놀고 싶은데……."

"그러면 너도 오빠한테 과외 해."

무슨 소리! 공부라면 학교와 학원 그리고 요즘 계획표대로 하는 것만으로 충분합니다.

"됐어. 누나나 열심히 하셔."

그렇게 큰집 형은 매주 민재네 집에 오게 되었습니다.

두 달 뒤, 형이 수업을 마치자 엄마는 다과상을 내왔습니다.

"작은 엄마, 민희가 수학을 꽤 잘하네요."

"그래? 수학 점수가 가장 낮았는데."

엄마가 다행이라는 듯이 말했습니다.

"기초가 약간 부족한 부분이 있었는데 그 부분을 잡아 주니까 잘 따라와요. 오늘은 중학생 수준 문제도 풀어봤어요."

"정말?"

민재가 못 믿겠다는 듯이 물었어요.

"오빠 말이, 수학은 학년과 상관없대. 기초만 잘하면 중학교, 고등학교까지 선행 학습을 할 수 있대. 방학 때 중학교 수학을 다 공부해 버릴 거야!"

민희가 자신 있게 말했어요.

"아가씨, 너무 욕심내면 다쳐요. 그냥 지금 정도면 돼."

형이 민희의 머리를 쓰다듬으며 말했습니다.

똑똑 선생님의 한마디

선행 학습은 다음 학기에 배울 내용을 미리 공부해 두는 것을 말해요. 미리 공부해 두면 공부의 부담도 줄고 이해도도 높일 수 있죠. 선행 학습을 효과적으로 하면 성적도 올릴 수 있답니다.

하지만 잘못하면 오히려 수업에 방해가 될 수 있어요. 대부분 선행 학습을 학원에서 하거든요. 그러다 보니 수업 시간에 "에이, 다 배운 건데 뭘." 하면서 수업 시간에 딴짓하기 쉽답니다. 수업 시간에 집중하지 않으니 제대로 된 공부를 할 수 없어요. 그럴 바에는 선행 학습을 안 하는 편이 더 나아요.

특히 수학 과목을 선행 학습하는 학생들이 많을 거예요. 2011년 조사에 의하면 수학 선행 학습을 하는 초등학생은 10명 가운데 7명이 받는다고 하니까요. 그런데 반 이상이 선행 학습의 효과를 보지 못하고 있다고 해요.

공부는 스스로 재미있어야 호기심도 생기고, 공부할 맛도 나요. 하지만 잘못된 선행 학습은 오히려 흥미를 잃게 하고 학습능력을 떨어뜨릴 수 있다는 걸 잊지 마요.

선행 학습 바르게 하기

❶ 줄기만 공부한다
선행 학습은 수업 시간에 이해력을 돕기 위한 것으로 굳이 자세히 할 필요는 없다. 대략 큰 줄기만 잡고, 자세한 것은 수업 시간에 한다.

❷ 부족한 과목은 선행보다는 복습한다
부족한 과목이나 싫어하는 과목을 섣불리 선행 학습을 하다 보면 오히려 더 싫어질 수 있다. 선행 학습은 부족한 부분을 충분히 채운 다음에 한다.

❸ 여러 과목을 선행 학습하지 않는다
선행 학습이 학교 수업을 방해해서는 안 된다. 만약 여러 과목을 선행하다 보면 학교 수업을 따라가기 어려워 학교 수업과 선행 학습 둘 다 놓치게 된다.

❹ 선행 학습이 반드시 좋은 것은 아니다
선행 학습이 주로 학원에서 이루어지므로 자칫 스스로 학습법을 익히지 못할 수 있다. 학원을 오가는 것으로 그칠 것이라면 차라리 선행 학습을 하지 않는 것이 낫다.

선행 학습이 필요할까, 복습이 필요할까?

☐ 지난주에 배운 단원을 교과서를 보지 않고 정리할 수 있다.

☐ 선행 학습을 하면 모두 아는 내용 같아 수업이 지루하다.

☐ 나의 성적은 우리 반에서 상위권이 아니다.

☐ 복습이 선행 학습보다 중요하다고 생각한다.

☐ 문제집을 풀 때 기본 개념 문제를 자주 틀려 교과서에서 다시 확인해야 한다.

☐ 학원에서 하는 선행 학습이 나에게 많은 도움을 준다.

☐ 나에게 맞는 공부 방법을 알고 있다.

☐ 스스로 공부 계획을 세워 공부한다.

★ 선행 학습보다는 복습으로 기초를 튼튼히 하는 것이 가장 중요한 공부의 기초입니다. 세 개 이상 체크 시 복습에 중점을 두세요.

3. 시험지가 바뀌었어요!

기말시험입니다.

민재는 시험지를 받자마자 문제를 풀었습니다.

'우와, 이게 웬일이야! 너무 쉽잖아.'

민재는 시험 문제를 쓱쓱 풀어갔습니다. 한 문제도 막힘이 없었습니다. 100점일 듯했습니다.

채점이 끝나고 선생님께서 다시 시험지를 나누어 주었습니다. 그런데 민재는 채점한 시험지를 받지 못했습니다.

"어? 여기 100점짜리 시험지만 남았네. 누구 거지?"

선생님께서 시험지 한 장을 들고 고개를 갸웃거립니다.

"선생님, 제거예요. 저만 시험지를 못 받았어요."

민재가 얼른 손을 들었어요. 역시 생각대로 100점입니다.

그런데 선생님께서 민재를 빤히 쳐다보며 말했습니다.

"시험지에 이름이 안 쓰여 있는데, 어떻게 네 것이니?"

아차차, 문제를 푸는데 정신이 팔려 이름을 안 쓴 것입니다.

"죄송합니다. 하지만 모두 시험지를 받았고 저만 못 받았으니까, 제 거죠."

"뗙! 민재는 시험지가 없으니 0점이지!"

선생님께서 버럭 소리를 질렀습니다. 민재는 억울했습니다.

"제, 제 거 맞는데. 제 거예요! 엉엉~."

결국 민재는 울음을 터뜨리고 말았습니다. 그때였습니다.

"민재야, 왜 그래?"

엄마였습니다. 민재는 어리둥절해서 주위를 살펴보았습니다. 교실이 아니라 민재 방이었습니다.

"여기가 어디에요?"

"어디긴 어디야, 네 방이지. 꿈이라고 꾼 거야?"

엄마가 민재 등을 두드려주었습니다.

"엄마~, 내가 100점 맞았는데 선생님이 0점이래!"

민재는 꿈에서 참았던 울음을 터트렸습니다.

"에고, 우리 아들이 꿈을 꾸었나 보네."

엄마는 미소 지으며 민재를 꼭 안아주었습니다.

'훌쩍, 이름은 안 썼지만 내 시험지야. 분명히 내 거야! 다음에는 꼭 이름부터 써야지.'

시험은 누구에게나
부담스럽고 긴장되는 일이에요.
문제는 그럴수록 실수하기 쉽고, 실수 때문에
제 실력을 제대로 발휘하지 못한다는 거예요.

그래서 지금부터라도 시험습관을 잘 들이는 것이 중요해요. 그래야 초등학교 고학년은 물론이고, 중학교 고등학교에 가서도 시험시간에 당황하지 않고 여유를 가질 수 있답니다.

시험은 공부한 내용을 확인하는 과정이에요. 물론 무슨 과목에서 몇 개가 틀렸고, 몇 등을 했는지, 또 평균이 몇 점인지도 중요하지만, 점수에만 신경 쓰면 제대로 된 공부를 할 수 없어요.

당장 코앞의 시험뿐만 아니라, 학년이 올라가서도 좋은 성적을 올리려면 시험에 대한 작전도 필요하고 요령도 필요하답니다.

시험 준비하기

① 시험 계획표를 세운다
계획표를 세울 때는 좋아하는 과목과 싫어하는 과목을 번갈아 넣고, 사회 같은 암기 과목은 후반에 공부한다.

② 공부 순서를 정한다
시험공부는 무턱대고 문제집부터 푸는 것이 아니라, 교과서와 참고서로 먼저 기본 개념을 정리한 후 문제집을 풀고, 다시 교과서로 마무리한다.

③ 요점을 정리한다
처음에는 A4용지에 정리하고, 이튿날은 종이를 반으로 줄여 모르는 내용만 다시 정리한다. 이렇게 종이를 줄여가며 정리하면 무엇을 이해하고 무엇을 모르는지도 알 수 있다.

④ 오답 노트를 만든다
시험이 끝났다고 모든 공부가 끝나는 것이 아니다. 틀린 문제를 확인하고, 왜 틀렸는지 공부한다. 그래야 완전한 내 지식이 되어 다음에 또 틀리지 않는다.

시험에서 실수 줄이기

❶ 시험지를 받으면 가장 먼저 반, 번호, 이름을 쓴다.

❷ 문제를 풀 때는 문제의 핵심이 되는 부분에 밑줄이나 동그라미로 표시하면 실수를 줄일 수 있다.

① 다음 카드를 사용하여 만든 가장 큰 수와 가장 작은 수의 차는 얼마입니까?

② 다음 보기에서 틀린 것(맞는 것)을 찾으시오.

❸ 보기는 정답이 아닌 것에 '/'으로 지워가면서 푼다. 그러면 헷갈리지 않고 답을 찾을 수 있다.

❹ 모르는 문제는 가장 마지막에 푼다. 괜히 모르는 문제로 시간을 끌다 보면 시간이 부족해 쉬운 문제까지 풀지 못할 수 있다.

❺ 꼭 검산한다. 문제를 다 풀고 시간이 남는다고 가만히 있지 말고 처음부터 다시 한 번 확인한다.

4. 이번 방학 때 뭐할 거니?

　민희와 민재의 여름 방학이 시작되었습니다. 둘 다 멋진 생활계획표를 세웠습니다.

　민희는 아침 6시에 일어나 책을 읽습니다. 민재는 아침 9시가 다 되어도 여전히 꿈나라입니다.

　"민재야, 어서 일어나 밥 먹어야지."

엄마가 민재를 깨웠습니다.

"엄마, 내 계획표는 아침을 10시에 먹는 거예요."

민재는 이불을 뒤집어쓰며 대답했습니다.

그 사이 민희는 밥을 먹고 또 책을 읽기 시작했습니다.

"밥 먹고 바로 책상에 앉으면 소화가 안 될 텐데?"

"괜찮아요. 계획표대로라면 30분 동안 밥 먹고 책 읽어야 해요. 이번 방학 때 100권 읽기가 목표거든요."

민희 말에 엄마는 고개를 갸웃거렸습니다.

"한 달 동안 100권을 읽을 수 있을까?"

"제가 계산해 봤는데요, 책 한 권을 2시간에 읽으면, 아침저녁으로 하루에 책 2권은 읽을 수 있어요."

민희는 야무지게 대답했습니다. 엄마는 말없이 민희와 민재를 번갈아 바라보았어요.

그렇게 일주일이 지났습니다. 민희는 부지런히 읽은 책이 책상에 쌓였습니다. 하지만 늘 잠이 모자라 꾸벅꾸벅 졸았습니다. 민재는 늦게 자고 늦게 일어납니다. 제대로 된 아침밥을 먹은 적이 거의 없습니다. 밥을 제대로 안 먹으니 변비가 생겼습니다.

그러던 어느 날, 민희와 민재는 서로의 계획표를 보게 되었어요.

"우와, 민재야. 너 무슨 계획표가 먹고 놀고, 먹고 놀고야? 이런 식으로 해서는 그동안 공부습관 들인 거 다 없어지겠다. 역시, 넌 안 된다니까."

민희가 혀를 찼습니다. 민재 역시 민희의 계획표를 보고 기가 막혔습니다.

"누나야말로 이게 뭐야? 밥을 30분 만에 먹고, 매일 1시까지 공부하고, 6시에 일어나서 독서? 이러니까 만날 졸고 그러지. 욕심을 부리면 안 된다니까. 능력껏 하라고 능력껏!"

똑똑 선생님의 한마디

한자로 보면 방학(放學)은 공부하는 것(學)을 놓는(放)다는 뜻이지요. 하지만 학생이 방학 내내 놀 수는 없잖아요. 방학이라고 계속 놀기만 하면 정말 공부와 멀어질 수 있어요. 또 힘들게 몸에 밴 공부습관을 잃어버릴 수도 있지요.

방학은 좋은 습관을 들이기 좋을 때이자 부족한 과목을 보충하고, 새로운 공부를 시작할 좋은 기회예요. 후회 없는 방학을 보내려면 역시 계획을 짜는 것이 좋아요.

학교 시간표처럼 계획표를 짜서 시간 활용을 한다면 알찬 방학을 보낼 수 있지요. 특히, 여름 방학은 더위가 심하지 않은 오전 시간을 활용하는 것이 좋아요.

오전 1시간은 더운 오후 몇 시간의 공부와 맞먹을 만큼 집중력에 차이가 나는데, 이때는 어려운 과목이나 주요 과목을 집중적으로 공부하는 것이 효과적입니다.

친구들이 방학을 어떻게 보냈느냐에 따라 방학이 끝난 후 성적이 오를 수도, 성적이 떨어질 수도 있답니다.

우등생의 법칙

방학 계획표 짜기

방학에 맞는 계획표를 세운다
방학은 학교 다닐 때와 시간이나 환경이 완전히 달라진다. 시간 관리를 새롭게 해야 하므로 학교 다닐 때와는 다른 생활 계획표가 필요하다.

욕심을 버려라
방학 동안 성적을 올리겠다는 욕심으로 계획표를 짜다 보면 욕심을 부리게 된다. 무리한 계획을 세우면 작심삼일이 되어 포기하기 쉬우므로 자신에게 맞는 계획표를 세우도록 한다.

한 번에 완벽할 수는 없다
방학 계획표 역시 처음부터 완벽할 수 없다. 3일 단위로 계획을 세워 평가 후 보충하거나 수정해 간다. 조금씩 고쳐나가다 보면 나만의 완벽한 생활 계획표를 세울 수 있다.

학습량을 정한다
실천 가능한 학습량을 구체적인 목표로 세우면, 실천할 가능성도 크고 성취감도 높일 수 있다.

주간 방학 계획표

	월	화	수	목	금
8	세수, 맛있는 아침 식사				
9	단어장 훑어보기				
9~10	수학 32~36	영어 동화책	수학 42~46	영어 동화책	수학 52~56
11	학원 준비 및 자유 시간				
11~12	학원	학원	학원	학원	학원
12~1	점심 식사				
2	휴식 및 자유 시간				
3	독서	피아노	독서	피아노	독서
3	숙제(복습)	숙제(복습)	숙제(복습)	숙제(복습)	숙제(복습)
4	휴식	휴식	휴식	휴식	휴식
5	사회	과학	사회	과학	사회
6	컴퓨터 또는 텔레비전				
7	저녁 식사				
8	줄넘기 연습, 산책				
9	영어 듣고·말하기	수학 37~41	영어 듣고·말하기	수학 47~51	영어 듣고·말하기
10	한자·영어 단어 5개씩 외우기, 일기 쓰기				
	꿈나라로~ 키야 쑥쑥 커라!				

5. 나, 자격증 있는 학생이야!

다음 주에 민재는 영어 학원에서 '토셀' 모의시험을 봅니다. 영어 능력 인증 시험으로, 평소에 영어를 좋아하고 재미있어하는 민재에게 엄마가 먼저 권했습니다.

"자격증이라는 게 아직 별 의미는 없겠지만, 그래도 실력을 쌓는 데 도움이 될 거야. 누나도 작년에 봤단다."

민재는 두 귀가 번쩍했습니다. 민희가 했는데 민재도 못할 것이 없었죠. 게다가 자신 있는 영어니까요.

"네 수준이면 베이직이 적당하겠다."

"누나 수준은?"

민재가 묻자 민희는 우습다는 듯이 대답했습니다.

"나는 주니어지. 너랑 나랑 수준이 같니?"

"나도 주니어 할래!"

"헉, 괜히 오기 부리지 말고 수준대로 해."

민재는 막무가내였습니다. 어쨌든 민희랑 똑같은 토셀 주니어를 보기로 했습니다.

'흥! 베이직이라고? 왜 이래, 난 주니어야!'

드디어 영어 학원 모의시험 날입니다.

강의실에 들어가는 길에 민희가 민재에게 말했습니다.

"민재야, 지금이라도 베이직으로 바꿔. 너 이거 모의시험이지만 은근히 기분 나쁘다."

"헹, 누나나 잘 보셔!"

민재는 혀를 날름 내보였습니다.

시험이 시작되었습니다. 하지만 자신 있던 것과 달리 민재는 힘들게 문제를 풀었습니다. 듣기 평가는 어떻게 지나갔는지도 모르겠습니다.

'하, 역시 어려운 건가? 아니면 내 영어 실력이 별로인 건가? 하긴, 영어로 된 만화영화를 봐도 무슨 말인지 모르잖아. 그냥 나는 배운 것만 잘하는 애인가 봐. 그냥 외우기만 하니까.'

민재는 한숨을 푹 쉬었습니다. 진땀이 났습니다. 괜한 모의시험 때문에 영어에 대한 자신감마저 사라질 듯합니다.

똑똑 선생님의 한마디

자격증은 어떠한 일에 대해 일정한 자격이 있다는 것을 말해주는 것이에요. 직업에 따라 자격증이 반드시 필요한 때도 있어요. 하지만 자신의 실력이 어느 정도인지 보여주기 위해서 자격증을 따기도 합니다.

그냥 공부만 하는 것보다는 자신의 실력이 어느 정도인지 알아보기 위해 자격증에 도전하는 것은 어떨까요? 목표가 있으면 공부하는데 자극이 되므로, 자격증에 도전하는 것이 도움되거든요.

하지만 자격증에 도전할 때는 목표를 너무 높게 잡지 않는 것이 좋아요. 민재처럼 목표를 높이 잡고 결과가 거기에 미치지 못하면 실망하기 쉬우니까요.

자격증은 공부하는데 재미를 더 하기 위한 것이지 어른들처럼 어떤 직위를 얻기 위한 것이 아니에요. 공부를 즐겁게 하는 하나의 방법이 되어야 한답니다.

한자 자격증 공부 비법

❶ 낮은 급수에서 시작한다
한자 자격증은 여러 단계로 급수가 나뉘어 있다. 무리해서 어려운 급수에 도전하기보다는 낮은 급수부터 시작해 자신감과 한자 실력을 함께 키운다.

❷ 한자의 음과 훈을 완벽하게 외운다
보통 2~8급의 경우 70점만 맞으면 합격이다. 문제의 80% 가 훈과 음을 쓰는 것으로 한자의 음과 훈을 완벽하게 외우는 것이 중요하다.

❸ 부수를 익힌다
한자를 부수와 함께 익히면 옥편을 찾는 데도 쉬울 뿐 아니라, 한자의 의미를 짐작하는데도 도움을 준다.

❹ 한자 일기를 쓴다
일기를 쓸 때 한자를 섞어 쓰면 단어의 뜻도 정확하게 알 수 있고, 쓰기 연습까지 할 수 있다.

초등학생이 도전할 수 있는 자격증

영어 자격증

펠트(PELT)
초보 수준의 영어능력자격검정 시험이다.

토셀(TOSEL)
EBS가 주관하며, 비영어권 국가의 영어 사용자들의 영어구사 능력을 측정하는 영어 능력인증 시험이다.

주니어지텔프(Jr.G-TELP)
초·중학생을 대상으로 실용영어의 활용능력을 측정한다.

컴퓨터 자격증

워드프로세서
한글 프로그램과 컴퓨터 전반에 관한 지식을 다루는 자격증이다.

정보기술자격(ITQ)
PC 전반에 걸친 기본적인 활용능력을 다루는 시험으로 필기 없이 실기 테스트를 한다.

컴퓨터활용능력
컴퓨터에 관련된 전반적인 이론과 사무용 프로그램인 엑셀 활용능력을 테스트한다.

4장

과목별 공부습관

1. 국어 공부습관

"어? 국어 공부는 안 해?"

민재의 시험 계획표를 보던 민희가 물었습니다.

"국어도 공부해? 그냥 읽고 답 쓰면 되는데, 뭐 하러 공부를 해? 게다가 왜 학년마다 국어를 배우나 몰라."

민재는 어이없다는 듯이 말했어요.

"오호, 국어가 쉽다고? 그럼 어느 학년 국어 문제든 다 풀 수 있겠네?"

민희 말에 민재는 득의양양하게 말했어요.

"그럼. 수학처럼 공식이 있는 것도 아니고, 영어처럼 모르는 단어가 있는 것도 아니잖아. 누나 국어 문제집을 풀어도 웬만큼 점수는 나올걸?"

그래서 민희는 내기를 제안했습니다.

"좋아. 5학년 국어 문제집을 풀고 90점, 아니 80점만 넘어도 내가 네 소원 들어줄게. 안 넘으면 반대로 내 소원 들어주기."

민희 말에 민재는 환호성을 질렀습니다.

"좋아! 약속했다. 으흐흐흐, 두고 봐!"

민재는 당장 민희의 문제집을 풀기 시작했습니다. 그런데 생각만큼 쉽지 않았습니다.

"무슨 지문이 이렇게 길어?"

민재는 문제의 지문을 읽었습니다. 그리고 문제를 풀려고 보니 다시 지문을 읽어야 했습니다. 그렇게 문제와 지문 사이를 왔다 갔다 하다 보니, 시간만 흘렀습니다.

"에헴, 10분 지났다. 문제 푸는 사람 어디 갔나~."

민희가 옆에서 말했어요.

"가만히 좀 있어, 헷갈리잖아."

민재는 괜히 짜증을 냈습니다.

"민재야, 포기해. 국어가 쉽다고? 학년 올라가 봐. 정말 '까만 건 글씨요, 하얀 건 종이요.' 할걸? 특히나 너처럼 책을 안 읽는 애는 글을 읽는 게 아니라 글자를 읽는 걸 거야. 지금처럼 말이야."

"누나가 옆에서 시끄럽게 하니까 못 풀겠잖아. 안 해!"

민재는 문제집을 덮어 버렸습니다. 과연 민재가 민희의 잔소리 때문에 국어 문제를 풀지 못한 걸까요?

똑똑 선생님의 한마디

초등학교 저학년 때 국어는 생각보다 어렵지 않습니다. 우리나라 말이니까 다 이해하겠거니 하고 넘어가죠. 그래서 국어보다는 새로운 과목인 수학이나 영어, 과학 등에 신경을 많이 쓰게 됩니다.

그런데 국어는 수학이나 영어처럼 과외를 하거나 학원에 다닌다고 갑자기 점수가 오르지 않아요. 학원도 다니는데 점수는 안 오르니 무엇을 어떻게 공부해야 할지 몰라 당황스러운 과목이랍니다.

국어는 단순한 과목이 아니에요. 듣기, 말하기, 읽기, 쓰기 등을 한꺼번에 해야 해요. 책만 많이 읽는다고, 글짓기만 잘한다고 국어 점수가 오르는 것이 아닙니다. 모든 영역을 골고루 잘해야 국어 점수가 오르는 거예요.

게다가 초등학교 저학년 때부터 국어 공부습관을 들이지 않으면 고학년이 되었을 때 어떻게 공부해야 할지 몰라 허둥거리게 될 수 있어요.

국어 공부 잘하는 습관

① 수업 전에 교과서를 꼭 읽는다
국어 교과서에 실린 글들은 형식이 다양하므로 각 형식의 특징을 생각하며 수업 전에 미리 읽는다. 모르는 단어나 표현이 있다면 밑줄로 표시해 두어도 좋다.

② 삼박자를 고루 갖춘다
국어 교과서는 말하기·듣기, 읽기, 쓰기로 구분되어 서로 연결되어 있다. 먼저 말하기·듣기, 읽기에 나오는 내용을 충분히 이해한 후 쓰기로 마무리하여 한쪽에 치우치지 않도록 균형 있게 공부한다.

③ 복습 때는 문제집을 반드시 푼다
교과서로 내용 정리가 끝나면 반드시 문제집을 풀어 제대로 이해했는지 확인한다. 문제집의 문제들은 학습 목표에 중점을 두고 출제된 것으로 제대로 된 점검이 될 수 있다.

완벽한 시험 준비하기

국어는 짧은 시간에 공부한다고 성적이 오르지 않는다. 독서력과 논술 실력에 의해 성적이 좌우되므로, 벼락치기 시험공부는 통하지 않는다.

① 교과서를 10번 읽는다. 똑같은 글을 계속 읽다 보면 문장의 속뜻도 알게 된다. 그리고 자칫 그냥 지나쳤을지 모르는 단어도 눈에 들어오게 된다. 모르는 단어는 반드시 사전을 찾아본다.

② 공부할 시간이 별로 없다면 참고서를 활용하자. 참고서에는 교과서 지문을 중심으로 주제 문장을 찾아내거나 전체의 뜻을 정리해 두었기 때문에 핵심을 잘 파악할 수 있다. 하지만 교과서를 많이 읽는 것만큼 머리에 오래 남지 않는 단점이 있다.

③ 문제집을 풀면서 어떤 문제가 출제되는지 살펴보도록 한다.

책은 왜 읽을까?

❶ 글을 이해하는 힘을 갖게 된다

글을 읽고 이해하는 능력은 국어뿐 아니라 모든 과목에서 성적을 좌우하는 역할을 하게 된다. 글을 제대로 빠르게 읽고, 이해하려면 책을 많이 읽는 것이 가장 좋은 방법이다.

❷ 어휘력을 키울 수 있다

책을 많이 읽은 친구와 적게 읽은 친구를 쉽게 구분할 수 있는 것이 바로 어휘이다. 말을 하거나 글을 쓸 때 사용하는 단어의 수준이나 어려운 단어를 이해하는 능력도 책 읽기를 통해 키워진다.

 **재미있게 책읽기**

❶ 독서 통장에 저금하기

독서 통장에 서지정보와 함께 나만의 점수를 주면, 책 읽는 재미와 함께 성취감을 느낄 수 있다.

❷ 책으로 떠나는 세계 여행

세계지도에 읽은 책의 배경이나 작가의 나라를 표시하면 다양한 나라의 문화를 접하고 연관시킬 수 있게 된다.

작가처럼 글쓰기

1. 메모에서 시작한다

글쓰기가 부담스럽다면 처음에는 간단한 메모로 시작한다. 그날 꼭 해야 할 일이나 특별했던 일을 기록하고, 메모에 익숙해지면 점차 글 길이를 늘려 쓴다.

2. 다양한 형태의 일기를 쓴다

글쓰기의 기본은 일기 쓰기에서 시작된다. 그날의 사건과 자신의 감정을 다양한 형태로 쓰다 보면 재미있게 글쓰기 실력을 키울 수 있다.

3. 좋은 글을 찾아 따라 쓴다

좋은 글을 쓰기 위해서는 좋은 글을 많이 읽는 것도 중요하다. 신문 사설은 최고의 논술 공부 방법으로, 신문은 한 신문사의 것만 보지 말고 성격이 다른 두 신문사의 사설을 보는 것이 좋다.

2. 영어 공부습관

　민재는 스스로 영어를 꽤 한다고 생각합니다. 일단 수업도 재미있습니다. 시험 성적도 나쁘지 않습니다.
　그런데 반에서 영어 잘하는 사람 하면, 연수를 꼽습니다.
　'쳇, 연수는 미국에서 살다 왔으니까 당연히 잘하지.'
　연수가 영어 시간에 선생님의 칭찬을 들을 때마다 민재는 속으로 생각합니다.
　어느 날, 수업을 마치고 집으로 돌아오는 길이었어요. 민재는 길에서 외국인을 만났습니다.
　"Where is the pharmacy nearby?"
　"뭐, 뭐라는 거야?"

영어에 자신 있는 민재지만 도통 무슨 소리인지 모르겠습니다. 그리 긴 문장도 아니고, 아는 단어도 있는 것 같은데 말이지요. 마침 연수가 그 모습을 보고 다가와 외국인과 무언가 이야기를 했습니다.

"Thank you."

외국인은 손을 들어 보이며 지나갔습니다. 민재는 조금 머쓱해졌지요.

"연수 너는 외국에서 살다 와서 그런지 금방 알아듣네."

민재는 조금 비꼬는 투로 말했습니다. 연수는 눈치를 챘는지 조금 걱정스럽게 말했습니다.

"응, 그런데 요즘 영어 실력이 자꾸 떨어지는 것 같아서 고민이야. 영어책도 읽고, 원어민 선생님과 대화도 하는데, 역시 어려워."

헉! 외국에서 살다 온 애가 영어가 어렵다니요. 민재가 어이없다는 듯이 연수를 바라보았습니다.

"왜 그렇게 봐? 혹시 내가 미국에서 살았으니까 자연히 영어를 잘했을 거로 생각하는 거야?"

"아니야?"

"아니야, 미국에서 가만히 있으면 저절로 영어를 잘하게 되는 줄 알아? 정말 열심히 공부했다고!"

연수 말에 민재는 고개를 갸웃거렸어요. 미국에 가도 영어를 잘하게 되는 게 아닌가 봐요.

똑똑 선생님의 한마디

외국에서 살다 온 친구나 연수를 다녀온 친구를 보면 부럽나요? 물론 그 친구들이 영어 실력이 더 뛰어날 수 있어요. 하지만 단순히 외국에서 살았다는 것만으로 영어 실력이 쌓이는 것은 아니랍니다.

외국에서 살더라도 영어 공부를 따로 열심히 해야 해요. 그곳에서는 일상생활을 해야 하니 어쩌면 이곳에서보다 더 열심히 해야 할 거예요.

외국에서 살아서 한 가지 좋은 점은 배운 것을 실생활에서 바로 사용하며 반복적인 연습을 자연스럽게 할 수 있다는 거예요. 그러다 보니 아무래도 영어 실력이 빨리 늘 수 있어요.

하지만 여러분도 영어 공부를 부지런히 한다면 외국에서 살다 온 친구들만큼 잘할 수 있어요. '부러워만 하지 말고 행동으로 옮길 것!' 그것이 영어 공부를 잘할 수 있는 좋은 습관이랍니다.

단어 제대로 외우기

❶ 자주 반복한다
영어 단어가 머릿속에 자리 잡기 위해서는 반복이 최고의 비법이다. 이미 외운 단어라도 자주 반복하여 본다.

❷ 자투리 시간을 활용한다
영어 단어는 따로 시간을 내서 외우기보다 중간 중간 남는 자투리 시간이나 잠들기 전후를 활용하는 것이 좋다.

❸ 모르는 단어의 뜻을 먼저 유추한다
영어 문장에서 모르는 단어가 나오면 앞뒤 문맥을 통해 뜻을 짐작해 본 뒤 사전을 찾는다.

❹ 단어장을 만든다
단어장은 직접 손으로 쓰는 것이 좋다. 사전에 나와 있는 비슷한 말과 반대말을 같이 정리한다.

❺ 과한 욕심을 버리고 하루 10개씩만 외운다
하루에 10개씩 모여 한 달이면 300개의 단어를 외울 수 있다. 티끌 모아 태산이 된다는 것을 잊지 마라.

우등생의 법칙

쫑긋쫑긋 귀가 열리는 듣기

애니메이션이나 영화는 자막을 가린다
★

자신이 좋아하는 애니메이션이나 영화를 볼 때 집중력은 더욱 높아진다. 그러나 자막이 있으면 소리보다 자막에 집중하게 되므로, 자막을 가리고 귀로 듣는 연습을 한다.

반복하여 듣는다
★

영어는 다양한 내용을 듣는 것도 좋지만, 책을 한 권 선정해 그 책을 완전히 이해할 때까지 반복하여 듣는 것이 좋다. 자신의 수준보다 약간 높은 단계 정도가 적당하다.

받아쓰기한다
★

어느 정도 듣기에 익숙해지면 받아쓰기를 해 보자. 문장뿐 아니라 단어 하나하나를 들어야 해 집중력이 높아질 뿐 아니라 짧은 문장부터 차근차근 하다 보면 영어 듣기와 쓰기 능력을 함께 키울 수 있다.

술술 입이 열리는 읽기

매일매일 읽는다
매일 조금씩이라도 영어로 된 책을 읽자. 그러면 영어 독해 능력뿐 아니라 다양한 단어도 공부할 수 있다. 이야기책이 힘들다면 교과서나 교재를 읽는 것도 좋은 방법이다.

큰 소리로 읽는다
영어책을 읽을 때는 큰 소리로 읽는다. 소리 내어 읽는 것은 학습 능력을 높이는데 아주 효과적이며 자신감도 생긴다. 또한, 테이프나 CD를 들으며 따라 읽는 것은 듣기와 말하기 능력을 동시에 높일 수 있다.

문장을 통째로 외운다
읽는 것에 자신이 붙고 수월해졌다면, 이번에는 아예 통째로 외워 보자. 간단한 영어 동화책을 전부 외우면 영작에도 도움이 된다.

막힘없이 쓰기

1 좋은 글을 베껴 쓴다
영어 쓰기를 잘하려면 좋은 문장을 보고 따라 써보는 것이 좋다. 신문 기사나 뉴스 그리고 영어책을 옮겨 적다 보면 올바르고 좋은 표현을 외우게 된다.

2 영어 일기를 쓴다
문장력을 키우고 어휘력을 키우는데 일기만 한 것이 없다. 일기는 매일 쓰는 것으로 습관들이기 좋으며, 매일 쓰는 것이 벅차다면 일주일에 한두 번 정도 정하여 쓰도록 한다.

문화원 활용하기

각 나라의 문화원은 자기 나라의 문화를 소개하는 곳으로 그 나라에 대한 다양한 정보를 얻을 수 있다. 회원으로 등록하면 책과 비디오, CD 등을 빌릴 수 있으며, 직원들이 그 나라 사람으로 외국인과 직접 대화를 나눌 좋은 기회가 된다.

3. 수학 공부습관

"도대체 수학은 왜 배우는 거야?"

민재는 수학책만 보면 머리가 지끈거립니다.

"계산은 계산기가 하면 되고, 살면서 원의 넓이를 구할 일이 뭐가 있겠어! 피자를 몇 명이 나누어 먹든, 그냥 먹고 싶은 사람이 다 먹으면 되지, 그걸 왜 물어보느냐고!"

별로 쓸 데도 없는 거 같은데 수학은 왜 배우는 걸까요?

"중학교에서도 배우니까."

민희의 대답은 뜻밖에 간단했습니다.

"그러면 누나, 중학교에 가서는 고등학교에서도 배우니까 수학 공부할 거야?"

민희는 묵묵히 고개를 끄덕였습니다.

"그리고 수학을 잘하면……."

"수학을 잘하면 뭐?"

민재가 묻자 민희가 나지막이 대답했습니다.

"멋있잖아. 옛날에는 수학이 철학이었다고 하니, 괜히 철학자가 된 것 같기도 하고."

"푸하하하! 무슨 소리야, 철학자가 수학자였다니. 말도 안 되는 소리 하고 있어."

민재가 큰 소리로 웃었습니다.

"민희 말이 맞아."

옆에서 민재와 민희 이야기를 듣고 있던 엄마가 말했습니다.

"고대 철학자들 가운데는 수학도 같이 연구한 사람이 많아. 수학과 철학은 논리력이 필요한 학문이라고 해서 연관성이 있다고 하지만, 사실 알고 보면 학문 대부분이 철학에서 시작되었다는 게 맞을지도 모르겠구나."

"그러니까 그냥 수학 공부해. 마치 고대 철학자가 된 듯이 말이야. '나는 생각한다, 고로 존재한다.'"

민희가 민재의 머리를 쓰다듬으며 말했습니다.

수학이 철학에서 나왔다니, 민재는 아직도 믿을 수 없습니다.

똑똑 선생님의 한마디

4학년이 되면 수학 교과서가 갑자기 어려워져요. 억, 조, 경 등 듣도 보도 못한 단위가 나오고, 계산도 복잡해지지요. 그러다 보니 그렇지 않아도 재미없는 수학이 더 싫어질 수 있어요.

수학 공부를 왜 해야 할까요? 덧셈, 뺄셈 그리고 구구단만 알아도 별 불편한 것이 없는데 말이에요. 거기다가 어렵기는 왜 이리 어려운지요. 외워야 할 것도 많고 계산도 복잡해서, 자칫 실수하면 알면서도 틀리는 경우도 많죠.

그런데 수학은 모든 공부의 기본이 된답니다. 도형을 배우면서 공간 지각 능력을 키우고, 문제를 풀면서 논리적 사고를 키울 수 있죠. 두뇌가 계발되고 사고력과 판단력 그리고 인내심까지 좋아지는 과목이랍니다.

이렇듯 공부에 대한 기본 능력을 키울 수 있으니 수학을 포기할 수는 없겠죠? 수학은 벽돌집을 짓는 것과 같아요. 기초부터 차근차근해야 완벽한 집을 지을 수 있듯 지금 수학 공부습관을 바로 잡아야 수학이 즐거워질 수 있답니다.

수학 공부 잘하는 습관

1 수학에 호기심을 가진다
재미있어야 좋아하고 잘할 수 있다. 수학에 흥미가 없다면 만화나 동화로 호기심을 갖도록 노력한다.

2 수준에 맞춰 공부한다
수학은 기초가 튼튼해야 한다. 따라서 수학을 잘하기 위한 첫걸음은 자신의 수준을 알고 공부하는 것이다.

3 손으로 직접 푼다
수학을 눈으로만 읽으면, 막상 문제를 풀지 못하는 경우가 많다. 수학은 손으로 풀어야 오래 기억된다.

4 이해하고 외운다
수학은 외워야 할 공식이 많다. 공식을 외울 때는 원리를 이해해야 잊지 않고 응용문제도 쉽게 풀 수 있다.

5 해답지는 보지 않는다
수학 문제는 끝까지 혼자 힘으로 푼다. 문제를 풀다가 막혀 해답지를 보는 습관을 들이면 실력이 늘지 않는다. 모르는 문제는 교과서로 다시 돌아가 기본부터 확인하자.

완벽한 시험 준비하기

1. 수학 공부를 할 때는 우선 교과서로 공식과 개념을 이해한 후 익힘책과 문제집 순으로 문제를 푼다. 특히 '실력 기르기' 수준의 문제가 많이 출제되므로 중점을 둔다.

2. 수학 문제를 풀 때는 풀이 과정을 노트 정리하듯 줄을 맞춰 깔끔하게 한다. 그래야 풀이 과정에서 자릿수가 헷갈리지 않고, 어디서 틀렸는지 확인하기 쉽다.

3. 수학은 여러 형태의 문제를 풀어보는 것이 좋다. 다양한 경험은 새로운 유형의 문제가 나와도 당황하지 않고 문제를 풀게 한다.

4. 문제가 길어서 미리 겁부터 먹는 경우가 많다. 그러므로 간단한 계산 문제나 응용문제보다는 서술형 문제를 많이 풀어 문제를 분석하는 연습을 하도록 한다.

5. 문제집을 풀고 나면 오답 노트를 작성해 시험에서 실수나 잘 모르는 문제가 없도록 한다.

4. 사회 공부습관

"이번 주말에는 영월에 다녀오자."

아빠 말에 민재는 신이 났습니다. 주말에는 어디든 가는 것이 좋습니다. 집에 있으면 공부하라는 잔소리만 들을 테니까요.

그렇게 주말에 민재는 가족들과 함께 강원도 영월에 다녀왔습니다. 한반도 모양의 지형도 보고, 배도 타고, 오래된 집에도 가봤습니다. 높은 계곡도 보고요.

그런데 솔직히 재미있지는 않았습니다. 뭐니 뭐니 해도 놀이동산만 한 곳이 없으니까요.

그리고 몇 주 뒤, 주말에 가족과 함께 텔레비전을 보고 있었습니다. 마침 연예인들이 여행하는 프로그램이었습니다.

"아, 여기가 바로 그 단종의 유배지군요."

연예인의 말에 민희가 말했습니다.

"청령포구나. 정말 쓸쓸한 곳이야. 섬 같은 곳에서 얼마나 외로웠을까?"

"어? 누나 저기 가 봤어? 언제? 왜 나만 빼고 갔어?"

민재가 투덜댔습니다. 그러자 민희가 두 눈을 동그랗게 뜨고 말했습니다.

"무슨 소리야. 지난번에 엄마 아빠랑 같이 갔었잖아."

"에? 언제!"

민희는 기막히다는 듯이 말했습니다.

"영월 갔을 때, 선암마을 갔다가 청령포도 갔잖아. 지금 화면에 나오는 선돌도 갔다 왔잖아."

아, 배 타고 들어갔던 섬이 바로 청령포였나 봐요.

"하긴. 너 그때 아빠가 하는 말씀 잘 안 들었지? 그때 아빠가 단종 얘기랑 정순왕후 얘기도 해 주시고, 동대문 시장 얘기도 해주셨잖아."

"정순왕후는 또 누구야? 그리고 동대문 시장 얘기가 왜 나와?"

그러자 민희는 한심하다는 듯이 말했습니다.

"나는 지난번 여행 다녀와서 아빠랑 국사 공부 잘했는데 너는 그냥 흘려들었구나. 아깝겠다, 책으로 하면 정말 재미없는데……."

똑똑 선생님의 한마디

사회 역시 4학년이 되면 어려워져요. 교과서 글씨도 작아지고 내용도 더 넓어집니다. 수업도 교과서 내용을 조사하고 발표하는 시간이 많아지지요. 자연히 공부할 양도 많아집니다.

사회는 어떻게 보면 쉽고 어떻게 보면 어려운 과목이에요. 우리 주변에 일어나는 일들이니 쉽기도 하지만, 암기 과목이라는 이유로 시험 때만 공부하다 보니 공부할 양이 많아져 힘들게 느껴지는 것이지요.

일상생활에 관련이 깊은 만큼, 사회는 우리 주변에서 찾을 수 있는 재미있는 방법으로 공부하는 것이 좋아요. 또한, 사회 과목에서 배우는 내용은 중학교 고등학교에서도 크게 다르지 않아요. 학년이 올라가면 같은 내용을 조금 더 자세하게 공부할 뿐이지요.

지금 기초를 잘 잡아 놓으면, 고학년이 되어서도 재미있게 사회 공부를 할 수 있답니다.

사회 공부 잘하는 습관

1 뉴스에 관심을 가진다
사회는 말 그대로 우리 사회의 여러 분야를 공부하는 과목이다. 따라서 현재 사회의 모든 이야기를 다루는 뉴스는 사회 공부의 기초가 된다.

2 다큐멘터리를 본다
다큐멘터리는 우리나라와 세계의 지리, 역사에 대해 좋은 지식을 얻을 수 있다. 영상과 함께 설명되기 때문에 쉽고 재미있게 오래 기억할 수 있다.

3 텔레비전 옆에 지구본을 둔다
국제 뉴스에 나오는 나라를 찾아보고, 뉴스와 관련해 조사한다. 그러면 지리는 물론 정치와 역사까지 공부할 수 있다.

4 제대로 된 체험학습을 한다
체험학습을 떠나기 전 체험할 곳에 대한 기초 지식을 찾아보고, 다녀온 후에는 관련 도서로 정리시간을 가진다.

5 책을 많이 읽는다
역사는 어렵고 지루하다고 생각해 흥미를 잃는 경우가 많다. 이럴 때는 만화책으로 호기심을 끌어낸 후 점차 깊이 있는 책을 읽는다.

완벽한 시험 준비하기

① 사회는 암기 과목이므로 국어나 수학 그리고 과학 다음에 공부하는 것이 더 기억에 잘 남는다.

② 교과서의 목차와 단원명을 보고 개념을 잡는다. 사회는 나무가 아니라 숲을 보며 공부해야 한다. 본문 내용만 외우다 보면 전체적인 흐름을 놓쳐 단원의 학습 목표를 놓치게 된다.

③ 도표와 사진, 지도도 공부한다. 지도나 도표, 사진은 교과서 내용을 한눈에 볼 수 있도록 정리한 것으로 단원의 핵심인 경우가 대부분이다. 특히 선생님이 언급한 도표는 문제로 출제되는 경우가 많으므로 잘 익혀 둔다.

④ 교과서 공부가 끝나면 단원별로 마인드맵으로 정리한 후 선생님이 되어 설명하는 시간을 가진다. 정확하게 이해하지 못한 부분을 찾을 수 있다.

⑤ 내용 정리가 끝난 후, 문제집을 반드시 풀어 본다. 틀린 문제는 교과서에서 다시 한 번 내용을 확인하고 정리한다.

5. 과학 공부습관

"과학 시간에 과학실로 모이세요."

선생님 말씀에 민재는 신이 났습니다.

"앗싸, 이동 수업이다."

민재가 신이 나서 과학책을 챙기자 짝인 연지가 물었습니다.

"민재야, 너 과학 별로 안 좋아하잖아."

"응, 과학은 정말 지루해. 그래도 과학실에 가는 건 좋아. 신기한 것들이 많잖아."

민재는 신이 나서 친구들과 함께 과학실로 갔습니다. 실험대 위에는 작은 유리컵이 다섯 개 놓여 있었습니다. 민재는 무엇일지 궁금해서 벌써 엉덩이가 들썩입니다.

"오늘은 물에 녹는 것과 그렇지 않은 것들에 대해 실험할 거예요. 우선 선생님이 조마다 돌아가며 가루를 나누어줄게요."

선생님은 작은 유리컵에 하얀 가루, 황토색 가루, 빨간 가루 등을 나누어 주었습니다.

"우와, 이게 뭐야? 먹어 볼까?"

민재가 얼른 손가락에 가루를 찍어 먹어보려 했습니다.

"이민재!"

갑자기 선생님께서 큰 소리로 민재를 불렀습니다. 민재는 깜짝 놀랐습니다.

"지금 그게 뭔 줄 알고 먹으려는 거야? 과학실에서 함부로 만지고 먹어보면 큰일 나요!"

"네."

민재 목소리가 기어들어갔습니다. 선생님은 얕은 한숨을 쉬고 말했습니다.

"민재는 호기심이 많아서 과학을 참 잘할 것 같은데, 그 호기심이 지나쳐서 과학 시간에 집중을 못 하는 것 같다. 자, 이제 실험을 시작하자."

민재는 선생님의 말씀이 내내 귀에 울렸습니다.

'내가 정말 호기심이 많을까? 정말 잘할 수 있는데 안 해서 못하는 걸까?'

민재는 나서서 조장이 되어 열심히 실험했습니다. 마치 멋진 과학자가 된 듯이 말이지요.

똑똑 선생님의 한마디

과학은 우리 주변에서 일어나는 현상을 공부하는 과목이에요. 대부분 이론을 갖추어야 하고 실험을 많이 해서 딱딱하게 느낄 수 있는 과목이지요.

게다가 4학년 과학에는 새로운 용어도 많이 나오고 과학의 여러 분야를 접하게 되면서, 역시 공부할 양이 많이 늘어나게 됩니다.

하지만 반대로 생각하면 우리 주변에서 일어나는 현상들이므로 조금만 호기심을 가지면 쉽게 이해하고 원리를 깨달을 수 있어요. 교과서는 그러한 원리를 용어로 정리해 두었을 뿐입니다.

'과학은 딱딱한 것'이라는 선입견을 버리고 마음을 열고 공부해 보세요. 교과서나 참고서로 공부하기보다 직접 체험하고 실험을 하다 보면 쉽게 흥미를 느낄 수 있게 될 거예요.

과학 공부 잘하는 습관

1 백 번 외우기보다 한 번 실험하자
우리 머리는 신기하게도 직접 경험한 것을 더 오래, 자세히 기억한다. 실험을 통해 새로운 생각이나 호기심을 끌어낼 뿐 아니라 집중력을 높인다.

2 관찰일기는 꼼꼼하게 기록한다
가만히 앉아 실험 과정을 보지 말고, 관찰 기록을 꼼꼼하게 한다. 집에서 키우는 식물이나 동물을 관찰하며 관찰일기를 자세히 기록하면 이 과정에서 좋은 공부가 될 수 있다.

3 예습보다는 복습이 중요하다
과학은 예습이 도움되지 않는다. 미리 실험 결과를 알게 되면 실험이 진행되는 동안 집중할 수 없기 때문이다. 대신 복습을 통해 기본 개념과 원리를 확실하게 이해하자.

4 독서로 과학과 친해지기
과학 주제나 용어와 친숙해지려면 동화책을 읽는 것이 좋다. 과학책은 재미와 지식을 함께 얻을 수 있기 때문에 과학에 쉽게 다가갈 수 있다. 다만, 과학 동화는 줄거리를 따라 읽으면 정보나 지식을 놓칠 수 있으므로 밑줄을 치거나 메모를 하며 읽는 것이 좋다.

완벽한 시험 준비하기

1 교과서를 꼼꼼하게 살피고, 특히 개념과 용어를 확실하게 외운다. 교과서의 용어 설명이 부족하면 국어사전이나 참고서를 찾아 확실하게 알고 넘어간다. 용어나 현상은 과학 단어장에 정리해 틈틈이 자주 본다.

2 실험 과정을 정확하게 외운다. 실험의 순서라든가 실험에 필요한 도구 등도 확인한다. 실험 결과에 대해서도 충분히 이해하도록 한다.

3 과학 교과서는 아주 자세하게 나와 있는 편이지만, 실험 결과는 안 나오는 경우가 많다. 수업 시간에 공책 정리해 둔 것이나 참고서를 참고하여 반드시 실험 결과를 정리하도록 한다.

3 과학 역시 문제집을 반드시 푼다. 문제를 풀다 보면 용어나 개념 등 잘못 알고 있던 내용을 바로잡는 데 도움이 된다. 실험이나 관찰 내용도 문제를 풀다 보면 좀 더 확실하게 머릿속에 들어온다.

초판 3쇄 2016년 12월 1일
초판 1쇄 2012년 7월 1일

글 조영경 | 그림 박찬신

펴낸이 정태선
기획·편집 안경란·정애영 | **디자인** 한민혜

펴낸곳 파란정원(자매사 책먹는아이) | **출판등록** 제395-2010-000070호
주소 서울시 서대문구 모래내로 464 2층(홍제동) | **전화** 02-6925-1628 | **팩스** 02-723-1629
제조국 대한민국 | **사용연령** 8세 이상 어린이
홈페이지 www.bluegarden.kr | **전자우편** eatingbooks@naver.com
종이 세종페이퍼 | **인쇄** 조일문화인쇄사 | **제본** 동양실업

ⓒ파란정원 2012
ISBN 978-89-94813-22-6 73370

이 책은 저작권법에 따라 보호받는 저작물이므로 무단 전재와 무단 복제를 금지하며,
이 책 내용의 전부 또는 일부를 이용하려면 반드시 저작권자와 파란정원(자매사 책먹는아이)의 동의를 얻어야 합니다.
*잘못된 책은 구입하신 서점에서 바꿔 드립니다.

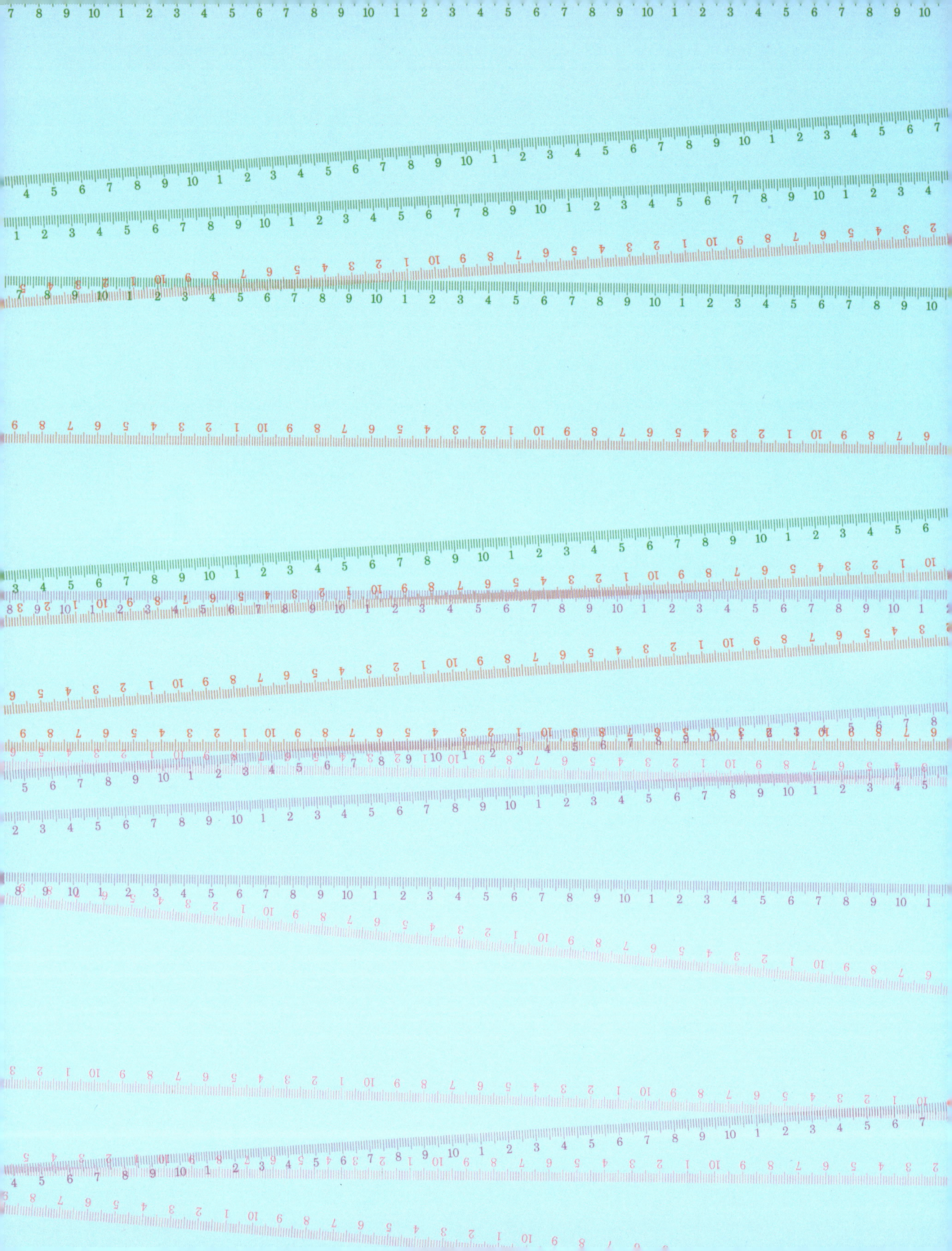